which stitches

Cross Stitch

Each cross stitch is made of 2 separate stitches. Bring floss up at 1, down at 2, up at 3, and down at 4 to complete 1 cross stitch. For horizontal rows, work the 1st half of the cross stitch as you move from left to right across the row, then work the 2nd half on the return trip.

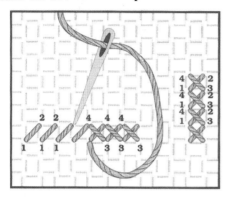

Quarter Stitch

A quarter stitch is a tiny stitch which is the size of $1/4$ of a cross stitch. Bring floss up at 1 and split the fabric thread to go down at 2.

Backstitch

Backstitches are used to outline or define a design and should be worked after all cross stitches are completed. Bring floss up at odd numbers and down at even numbers to work backstitches.

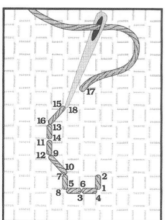

French Knot

French Knots are used for d⌣   ⌣ are normally worked after all cross stitches are completed. Bring floss up at 1. Wrap floss around needle once and take needle down at 2, holding loose end of floss tight until knot is formed.

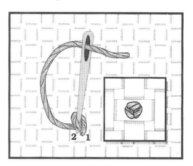

Lazy Daisy Stitch

Lazy Daisy Stitches are used to embellish a design and are normally worked after all cross stitches are completed. Bring floss up at 1 and make a loop. Take needle down at 2, leaving the floss loop. Bring floss up at 3 and down at 4, securing stitch.

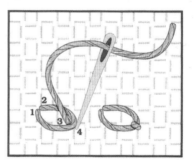

BABY ANIMAL ALPHABET

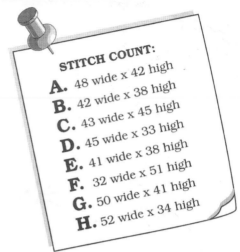

STITCH COUNT:

A. 48 wide x 42 high
B. 42 wide x 38 high
C. 43 wide x 45 high
D. 45 wide x 33 high
E. 41 wide x 38 high
F. 32 wide x 51 high
G. 50 wide x 41 high
H. 52 wide x 34 high

CROSS STITCH

Symbol	DMC	Anc.	Color
•	blanc	2	white
8	209	109	dk lavender
$	210	108	lavender
▽	211	342	lt lavender
■	310	403	black
	317	400	dk grey
○	318	399	grey
◖	352	9	peach
∏	353	6	lt peach
\	402	1047	lt rust
★	415	398	lt grey
>	434	310	dk tan
✦	437	362	tan
△	598	167	aqua
▲	712	926	beige
☆	738	361	lt tan
♥	739	387	vy lt tan
❖	743	302	dk yellow
⊠	744	301	yellow
∅	745	300	lt yellow
=	762	234	vy lt grey
✗	775	128	lt blue
2	776	24	pink
✳	809	130	blue
◧	818	23	lt pink
▼	911	205	vy dk green
✚	912	209	dk green
4	913	204	green
◉	922	1003	rust
□	954	203	lt green
—	955	206	vy lt green

BACKSTITCH

Symbol	Color
╱	black
╱	dk grey

FRENCH KNOT

Symbol	Color
●	black

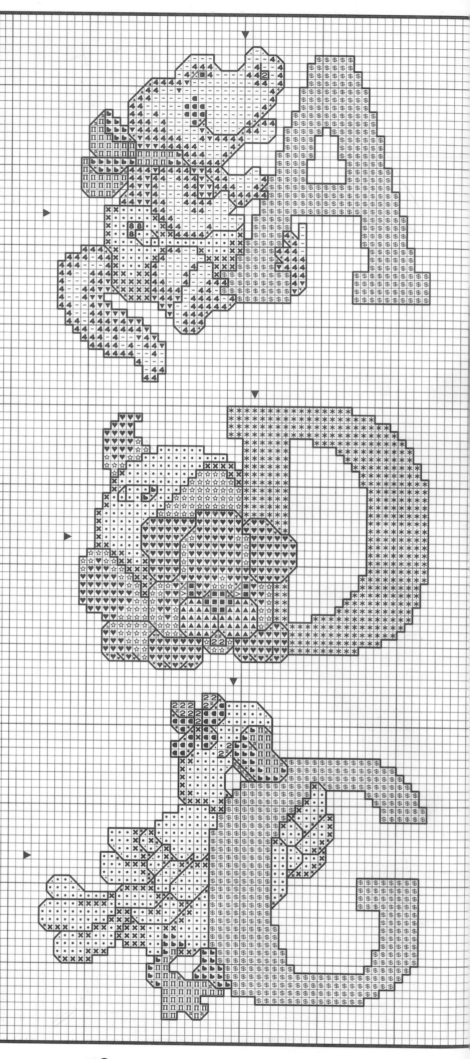

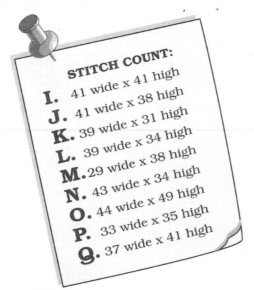

CROSS STITCH

Symbol	DMC	Anc.	Color
·	blanc	2	white
8	209	109	lavender
■	310	403	black
O	317	400	dk grey
★	318	399	lt grey
▶	352	9	peach
Π	353	6	lt peach
◥	402	1047	lt rust
✔	414	235	grey
◆	437	362	brown
◇	597	168	dk turquoise
▽	598	167	turquoise
▲	642	392	beige grey
‖	644	830	lt beige grey
◉	712	926	cream
☆	738	361	tan
♥	739	387	lt tan
△	743	302	dk yellow
∅	744	301	yellow
U	745	300	lt yellow
=	762	234	pearl grey
✗	775	128	vy lt blue
2	776	24	pink
Σ	799	136	dk blue
⊠	800	144	lt blue
✳	809	130	blue
◧	818	23	lt pink
◙	922	1003	rust
◈	945	881	beige
□	954	203	green
◎	3032	903	dk beige grey
ℙ	3811		lt turquoise
◆	3827		hazel brown

BACKSTITCH

Symbol	Color
╱	black
╱	dk grey

FRENCH KNOT

Symbol	Color
·	black

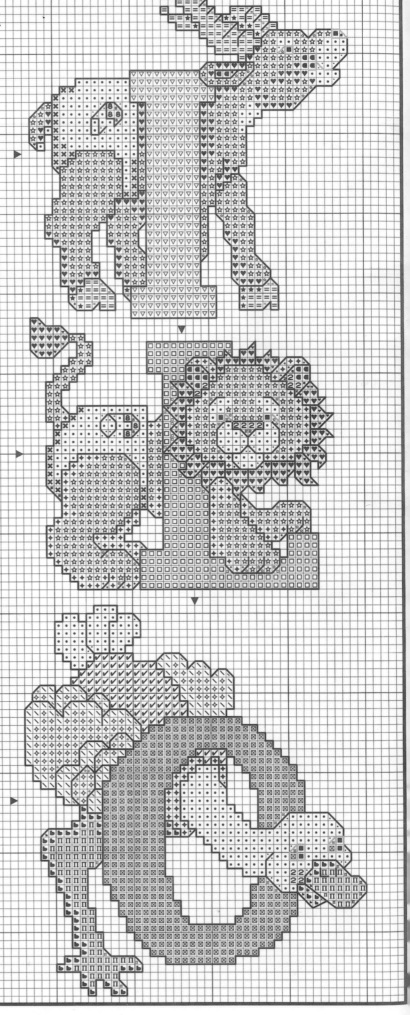

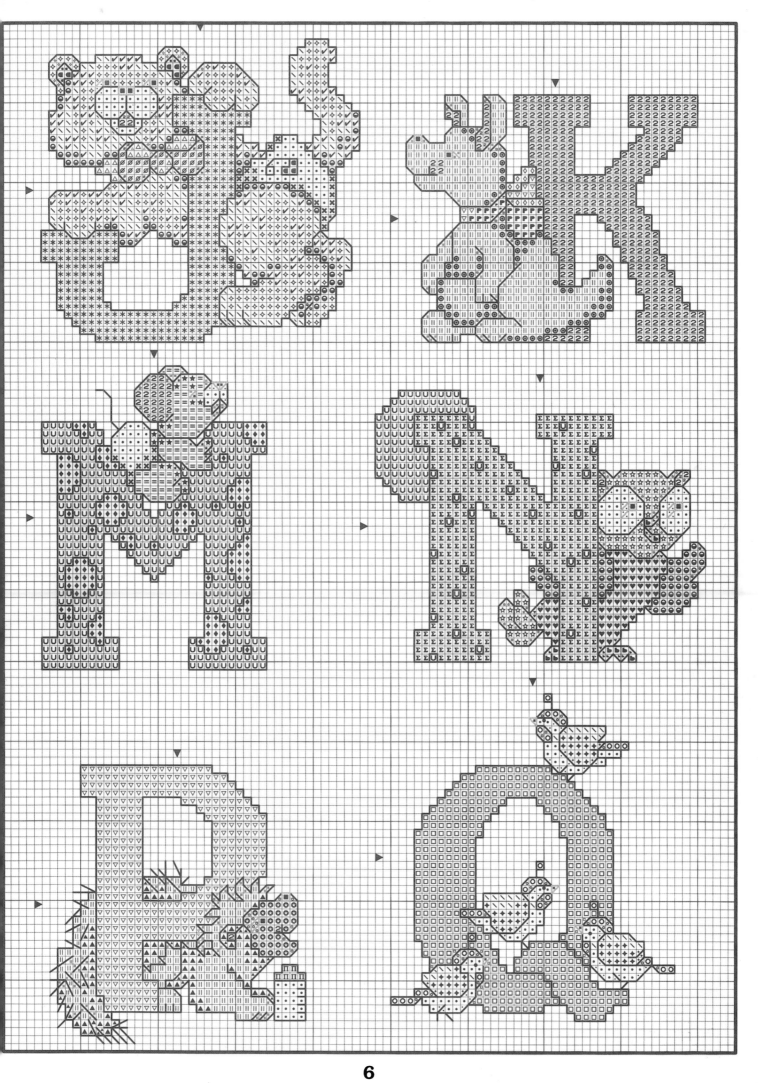

BABY ANIMAL ALPHABET

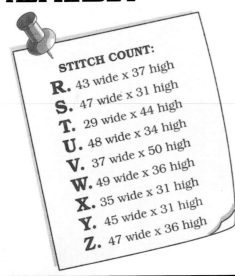

STITCH COUNT:

R. 43 wide x 37 high
S. 47 wide x 31 high
T. 29 wide x 44 high
U. 48 wide x 34 high
V. 37 wide x 50 high
W. 49 wide x 36 high
X. 35 wide x 31 high
Y. 45 wide x 31 high
Z. 47 wide x 36 high

CROSS STITCH

Symbol	DMC	Anc.	Color
·	blanc	2	white
8	209	109	dk lavender
$	210	108	lavender
O	211	342	lt lavender
■	310	403	black
	317	400	dk grey
★	318	399	lt grey
T	334	977	dk blue
5	351	10	dk peach
Π	353	6	peach
╲	402	1047	lt rust
◣	413	401	vy dk grey
✔	414	235	grey
▽	415	398	vy lt grey
H	436	1045	dk tan
%	598	167	aqua
☆	738	361	tan
♥	739	387	lt tan
U	745	300	yellow
=	762	234	pearl grey
✕	775	128	lt blue
2	776	24	pink
⊠	800	144	blue
◧	818	23	lt pink
4	913	204	green
⊙	922	1003	rust
▢	954	203	lt green

BACKSTITCH

Symbol	Color
╱	black
╱	dk grey

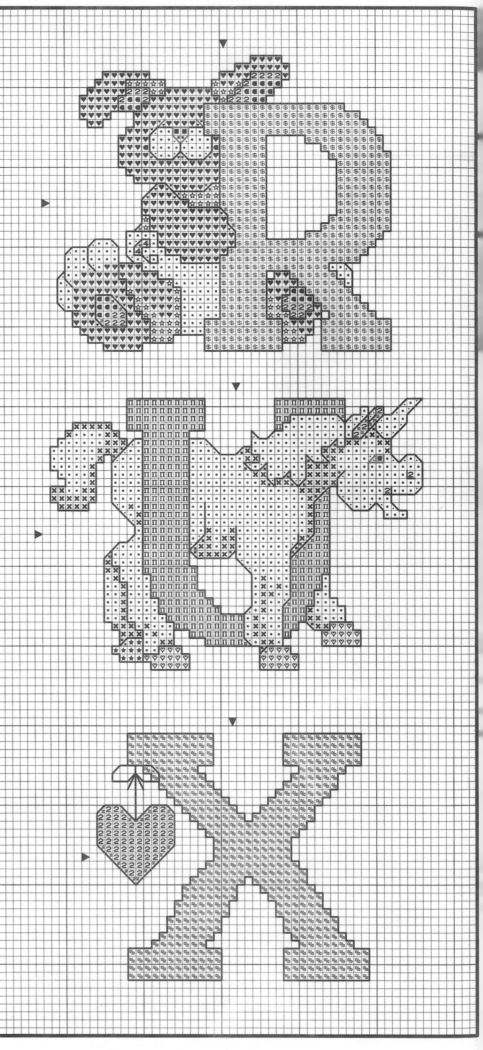

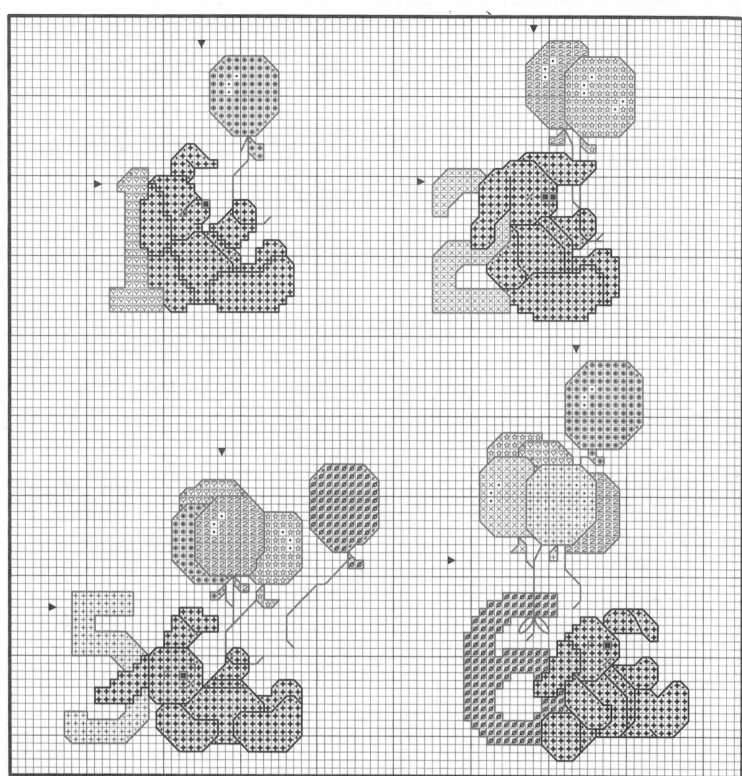

BUNNY NUMBERS

STITCH COUNT:
1. 24 wide x 32 high
2. 26 wide x 35 high
3. 24 wide x 36 high
4. 40 wide x 38 high
5. 41 wide x 36 high
6. 29 wide x 50 high
7. 47 wide x 35 high
8. 36 wide x 38 high
9. 55 wide x 35 high

CROSS STITCH

Symbol	DMC	Anc.	Color
·	blanc	2	white
♡	211	342	lavender
	301	1049	rust
■	310	403	black
	317	400	grey
2	353	6	peach
✦	739	387	tan
✕	744	301	yellow
∅	776	24	pink
☆	800	144	blue
+	955	206	green
◉	964	185	aqua

BACKSTITCH

Symbol	Color
╱	black for eyes, noses, and mouths
╱	grey for remaining backstitch
╱	rust

LAZY DAISY STITCH

Symbol	Color
0	grey

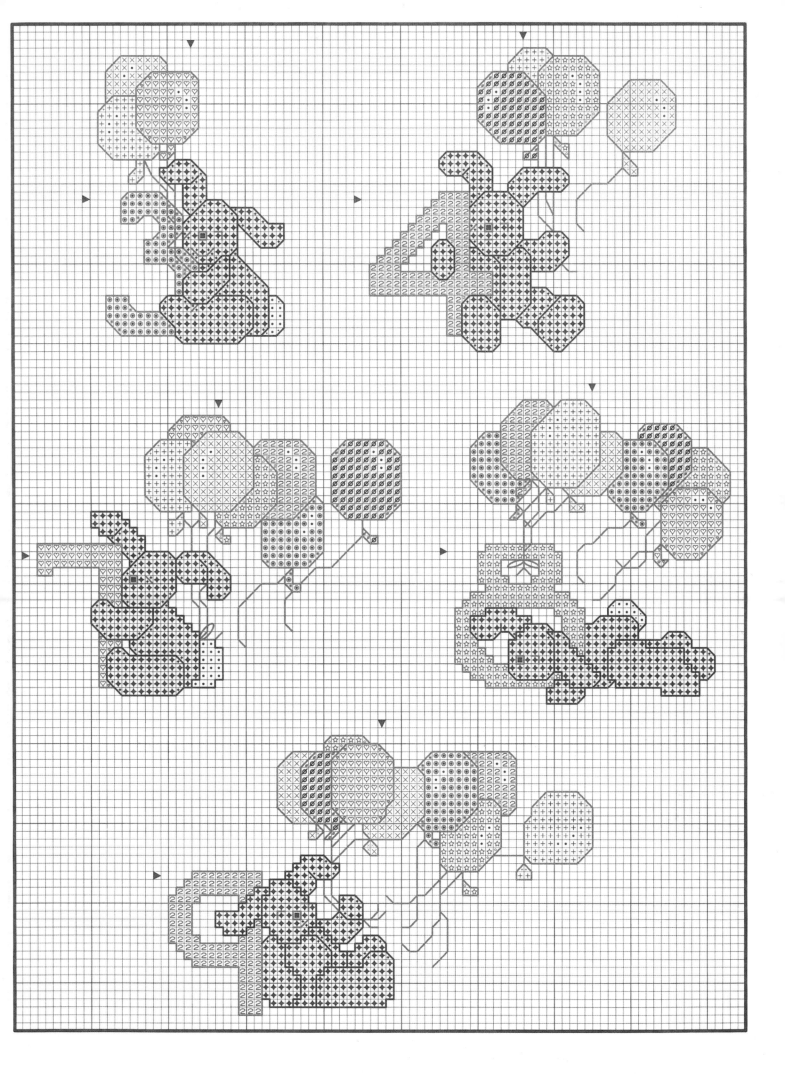

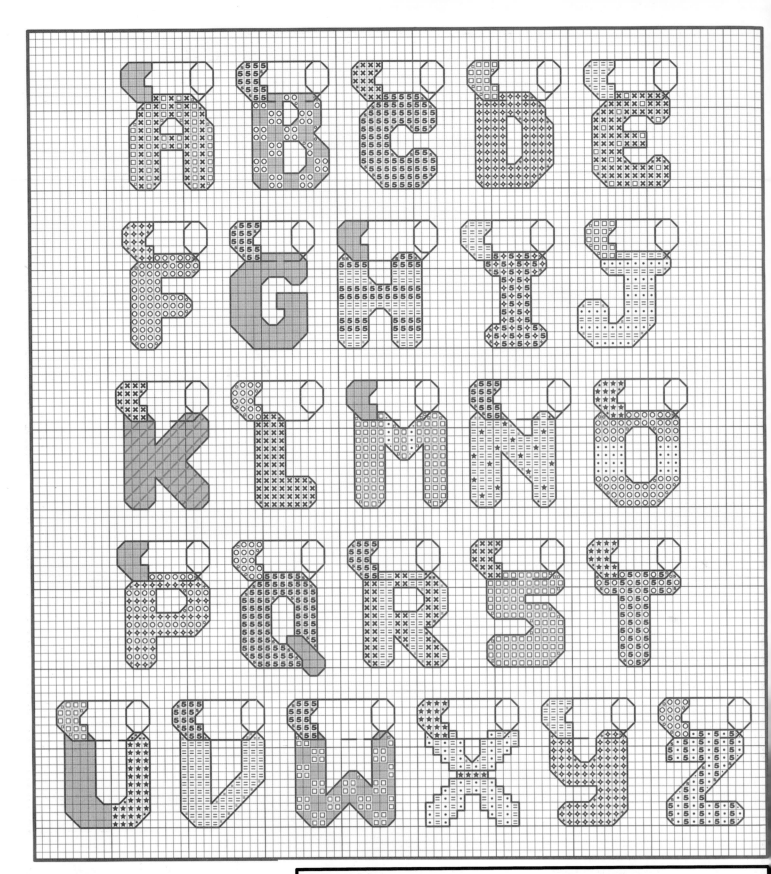

DIAPER PIN ALPHABET

CROSS STITCH			
Symbol	DMC	Anc.	Color
·	blanc	2	white
5	210	108	lavender
	317	400	grey
✖	353	6	peach
	745	300	yellow
★	776	24	pink
▢	800	144	lt blue
✧	818	23	lt pink
=	954	203	green

CROSS STITCH			
Symbol	DMC	Anc.	Color
O	964	185	aqua

BACKSTITCH	
Symbol	Color
╱	lt blue for diagonal lines on letter "K"
╱	green for vertical lines on letter "D"
▨	grey for remaining backstitch

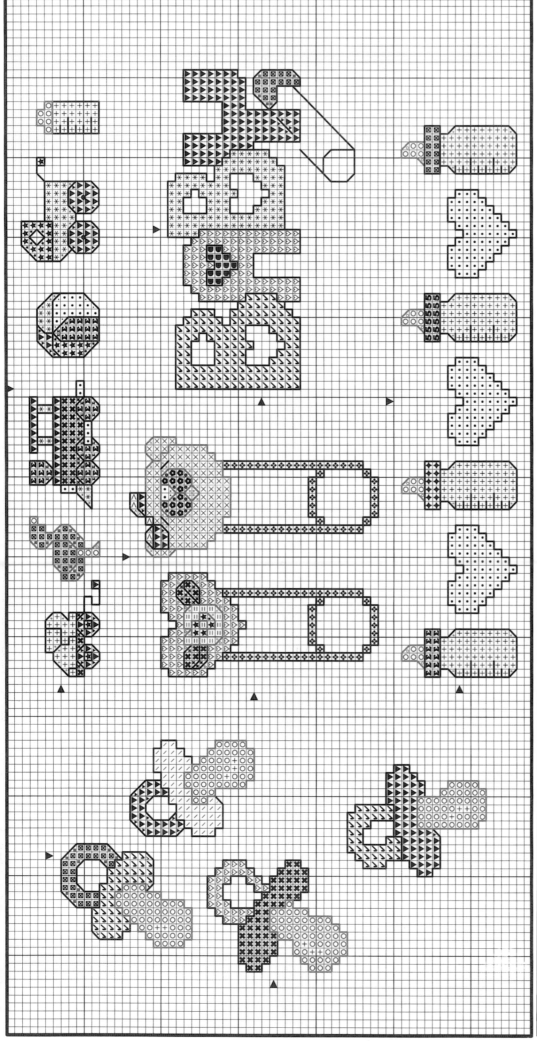

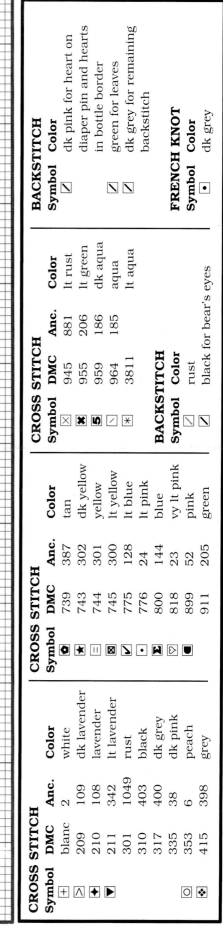

CROSS STITCH

Symbol	DMC	Anc.	Color
⊞	blanc	2	white
△	209	109	dk lavender
✦	210	108	lavender
▶	211	342	lt lavender
	301	1049	rust
	310	403	black
	317	400	dk grey
	335	38	dk pink
○	353	6	peach
❖	415	398	grey

CROSS STITCH

Symbol	DMC	Anc.	Color
●	739	387	tan
★	743	302	dk yellow
=	744	301	yellow
⊠	745	300	lt yellow
◣	775	128	lt blue
•	776	24	lt pink
⬔	800	144	blue
▷	818	23	vy lt pink
◨	899	52	pink
	911	205	green

CROSS STITCH

Symbol	DMC	Anc.	Color
⊠	945	881	lt rust
✖	955	206	lt green
5	959	186	dk aqua
∕	964	185	aqua
✳	3811		lt aqua

BACKSTITCH

Symbol	Color
⊿	rust
⊿	black for bear's eyes

BACKSTITCH

Symbol	Color
⊿	dk pink for heart on diaper pin and hearts in bottle border
⊿	green for leaves
⊿	dk grey for remaining backstitch

FRENCH KNOT

Symbol	Color
•	dk grey

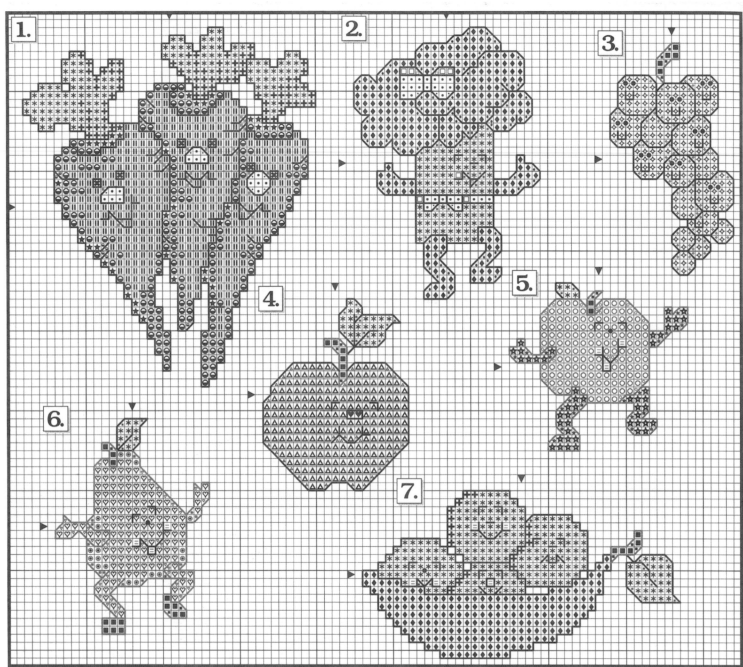

PRODUCE SECTION

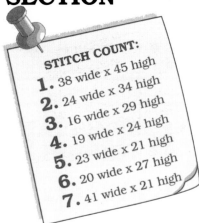

STITCH COUNT:
1. 38 wide x 45 high
2. 24 wide x 34 high
3. 16 wide x 29 high
4. 19 wide x 24 high
5. 23 wide x 21 high
6. 20 wide x 27 high
7. 41 wide x 21 high

CROSS STITCH

Symbol	DMC	Anc.	Color
	208	110	lavender
✧	210	108	lt lavender
	301	1049	rust
✖	310	403	black
	335	38	vy dk pink
	347	1025	red
♥	350	11	dk peach
△	351	10	peach
☆	352	9	lt peach
◎	353	6	vy lt peach
	400	351	dk rust
■	437	362	tan
★	721	324	dk orange
◖	722	323	orange
◉	745	300	yellow
♡	746	275	lt yellow
·	776	24	pink
=	818	23	lt pink
▢	899	52	dk pink
	911	205	dk green

CROSS STITCH

Symbol	DMC	Anc.	Color
◆	913	204	green
✚	954	203	lt green
✳	955	206	vy lt green
╫	3825		lt orange

BACKSTITCH

Symbol	Color
╱	rust
╱	lavender for grapes
╱	vy dk pink for broccoli's bow and belt and carrots' noses
╱	black for remaining facial features
╱	red for apple
╱	dk green for peas, pea pod, carrot tops, broccoli, and leaves
╱	dk rust for carrots

FRENCH KNOT

Symbol	Color
•	black

CROSS STITCH

Symbol	DMC	Anc.	Color
	310	403	black
	317	400	grey
□	335	38	dk pink
★	349	13	red
	400	351	rust
☆	435	1046	dk tan
△	437	362	tan
=	712	926	cream
×	738	361	lt tan
♡	739	387	vy lt tan
V	776	24	lt pink
	798	131	dk blue
>	809	130	blue
−	818	23	vy lt pink
■	839	360	dk brown
▲	840	379	brown
○	841	378	lt brown
+	842	388	vy lt brown

CROSS STITCH

Symbol	DMC	Anc.	Color
✦	899	52	pink
✳	913	204	green
	938	381	vy dk brown

BACKSTITCH

Symbol	Color
／	rust
／	black for eyes and mouths
／	grey for bottom of cupcake
／	dk pink for fudge bar nose, strawberry ice cream, heart, and frosting on cookie
／	red for cherry
／	dk tan for fudge bar stick and ice cream cone
／	dk blue for wording
／	vy dk brown for brown cookie
／	dk brown for remaining backstitch

ANIMAL FRIENDS

STITCH COUNT:
1. 51 wide x 47 high
2. 26 wide x 28 high
3. 22 wide x 26 high
4. 62 wide x 29 high

CROSS STITCH

Symbol	DMC	Anc.	Color
O	blanc	2	white
$	210	108	lavender
	301	1049	rust
	309	42	dk pink
▼	310	403	black
=	317	400	dk grey
◆	318	399	grey
✕	335	38	pink
△	353	6	peach
	400	351	dk rust
C	415	398	lt grey
	518	1039	turquoise
❖	519	1038	lt turquoise
Σ	738	361	tan
◥	739	387	lt tan
	742	303	lt orange
▽	744	301	yellow
+	745	300	lt yellow
★	762	234	vy lt grey
▣	776	24	lt pink
	799	136	blue
■	800	144	lt blue
·	945	881	beige
◇	958	187	dk green
♡	959	186	green
♥	964	185	lt green
◎	3766	167	aqua
5	3825		orange

BACKSTITCH

Symbol	Color
╱	black
╱	rust for bear's fur and horse's outline and mouth
╱	dk pink for heart in #1
╱	pink for kittens' noses and heart in #4
╱	dk rust for top of bottle and orange kitten
╱	turquoise for wording in #4
╱	lt orange for flame
╱	blue for wording in #1
╱	dk grey for remaining backstitch

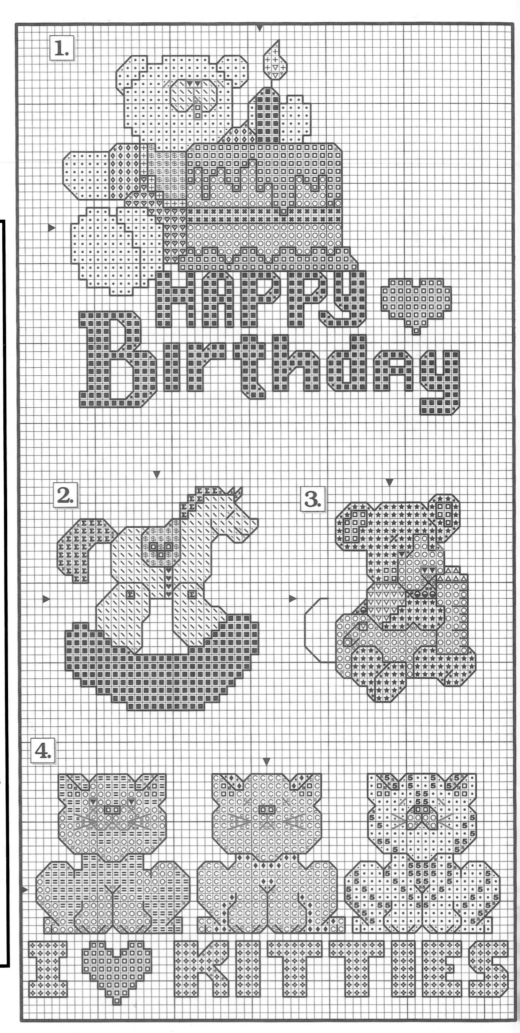

15

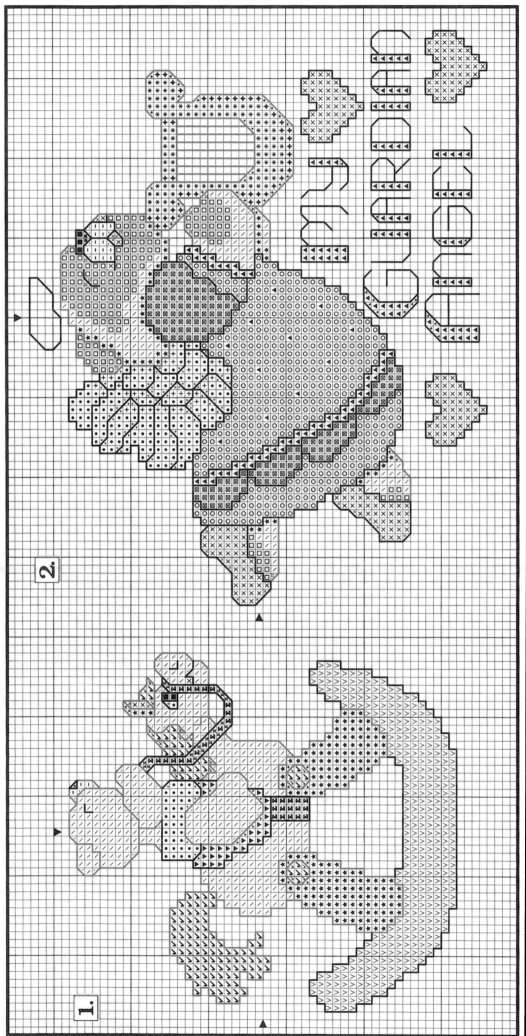

DAYDREAMING

STITCH COUNT:
1. 45 wide x 50 high
2. 72 wide x 59 high

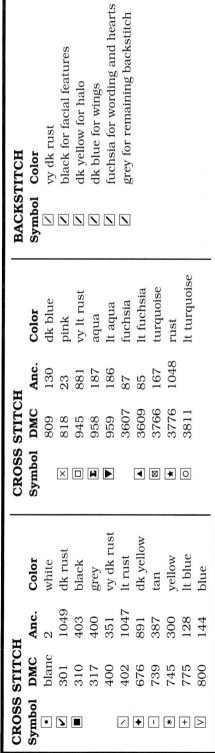

CROSS STITCH

Symbol	DMC	Anc.	Color
•	blanc	2	white
✓	301	1049	dk rust
■	310	403	black
	317	400	grey
◩	400	351	vy dk rust
✦	402	1047	lt rust
-	676	891	dk yellow
✱	739	387	tan
+	745	300	yellow
▽	775	128	lt blue
▷	800	144	blue

CROSS STITCH

Symbol	DMC	Anc.	Color
✕	809	130	dk blue
▢	818	23	pink
⊠	945	881	vy lt rust
▶	958	187	aqua
◀	959	186	lt aqua
⊠	3607	87	fuchsia
★	3609	85	lt fuchsia
○	3766	167	turquoise
	3776	1048	rust
	3811		lt turquoise

BACKSTITCH

Symbol	Color
⊿	vy dk rust
⊿	black for facial features
⊿	dk yellow for halo
⊿	dk blue for wings
⊿	fuchsia for wording and hearts
⊿	grey for remaining backstitch

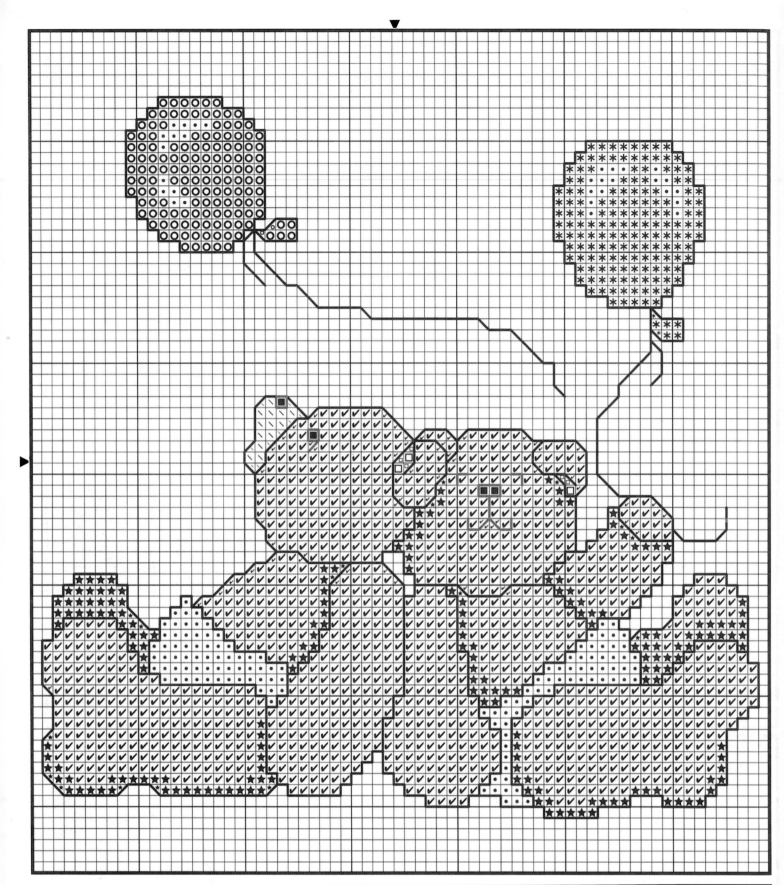

UP, UP, AND AWAY

STITCH COUNT:
67 wide x 65 high

CROSS STITCH			
Symbol	DMC	Anc.	Color
·	blanc	2	white
✳	210	108	lavender
	301	1049	rust
■	310	403	black
	317	400	grey
★	402	1047	lt rust
\	739	387	tan
▢	818	23	pink

CROSS STITCH			
Symbol	DMC	Anc.	Color
✔	945	881	vy lt rust
O	964	185	aqua

BACKSTITCH

Symbol	Color
∕	black
∕	rust for bears' fur
∕	grey for remaining backstitch

17

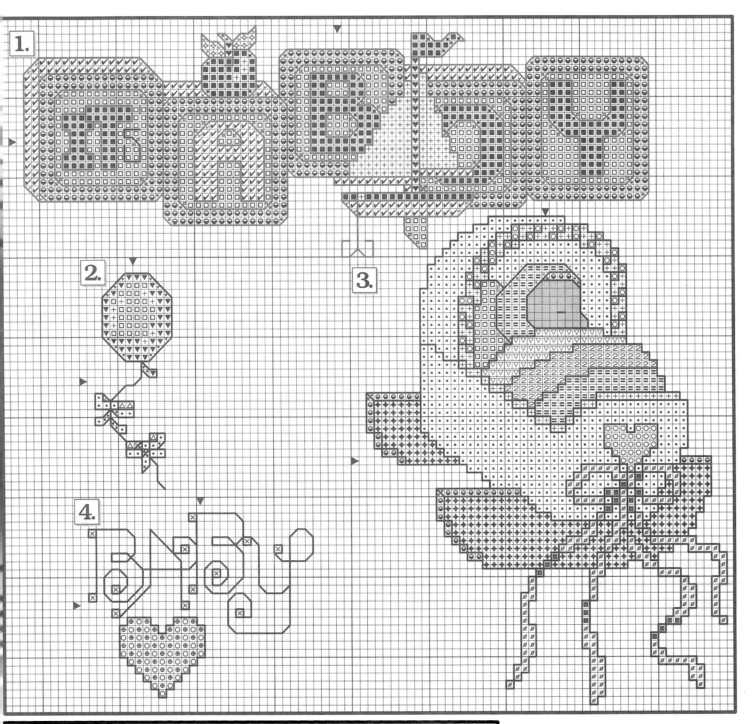

CROSS STITCH			
Symbol	DMC	Anc.	Color
+	blanc	2	white
△	208	110	dk lavender
◆	210	108	lavender
·	211	342	lt lavender
	301	1049	rust
	317	400	grey
✔	322	978	dk blue
	335	38	dk pink
■	350	11	red
2	353	6	peach
♥	434	310	brown
	535		beige grey
▼	744	301	yellow
□	745	300	lt yellow
≡	775	128	lt blue
○	818	23	lt pink
◇	913	204	green
■	948	1011	flesh

CROSS STITCH			
Symbol	DMC	Anc.	Color
▽	955	206	lt green
×	958	187	dk aqua
⊠	959	186	aqua
∅	964	185	lt aqua
◉	3325	129	blue
⊕	3326	36	pink
	3810		turquoise

BACKSTITCH

Symbol	Color
╱	beige grey
╱	rust for baby's face and eye
╱	dk pink for outline of heart in #4 and balloon string
╱	red for "s" in #1
╱	dk aqua for "BABY" in #4
╱	turquoise for bassinet ribbon
╱	grey for remaining backstitch

BABIES, BLOCKS, AND BALLOONS

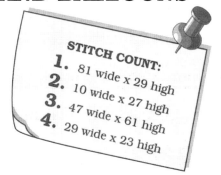

STITCH COUNT:
1. 81 wide x 29 high
2. 10 wide x 27 high
3. 47 wide x 61 high
4. 29 wide x 23 high

18

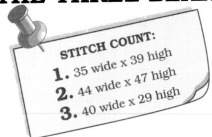

THE THREE BEARS

STITCH COUNT:

1. 35 wide x 39 high
2. 44 wide x 47 high
3. 40 wide x 29 high

CROSS STITCH

Symbol	DMC	Anc.	Color
⧅	blanc	2	white
■	310	403	black
	317	400	grey
	400	351	vy dk rust
▽	402	1047	rust
○	739	387	tan
V	744	301	yellow
L	745	300	lt yellow
=	775	128	lt blue
◣	776	24	pink
ø	800	144	blue
⬟	809	130	vy dk blue
◊	818	23	lt pink
☆	899	52	dk pink
×	945	881	lt rust
✧	951	1010	vy lt rust
>	954	203	green
+	955	206	lt green
✦	3325	129	dk blue
‖	3756	1037	vy lt blue
✓	3776	1048	dk rust

BACKSTITCH

Symbol	Color
/	black
/	grey for clothing, bowl, food, spoon, and lt green spot on bat
/	vy dk rust for remaining backstitch

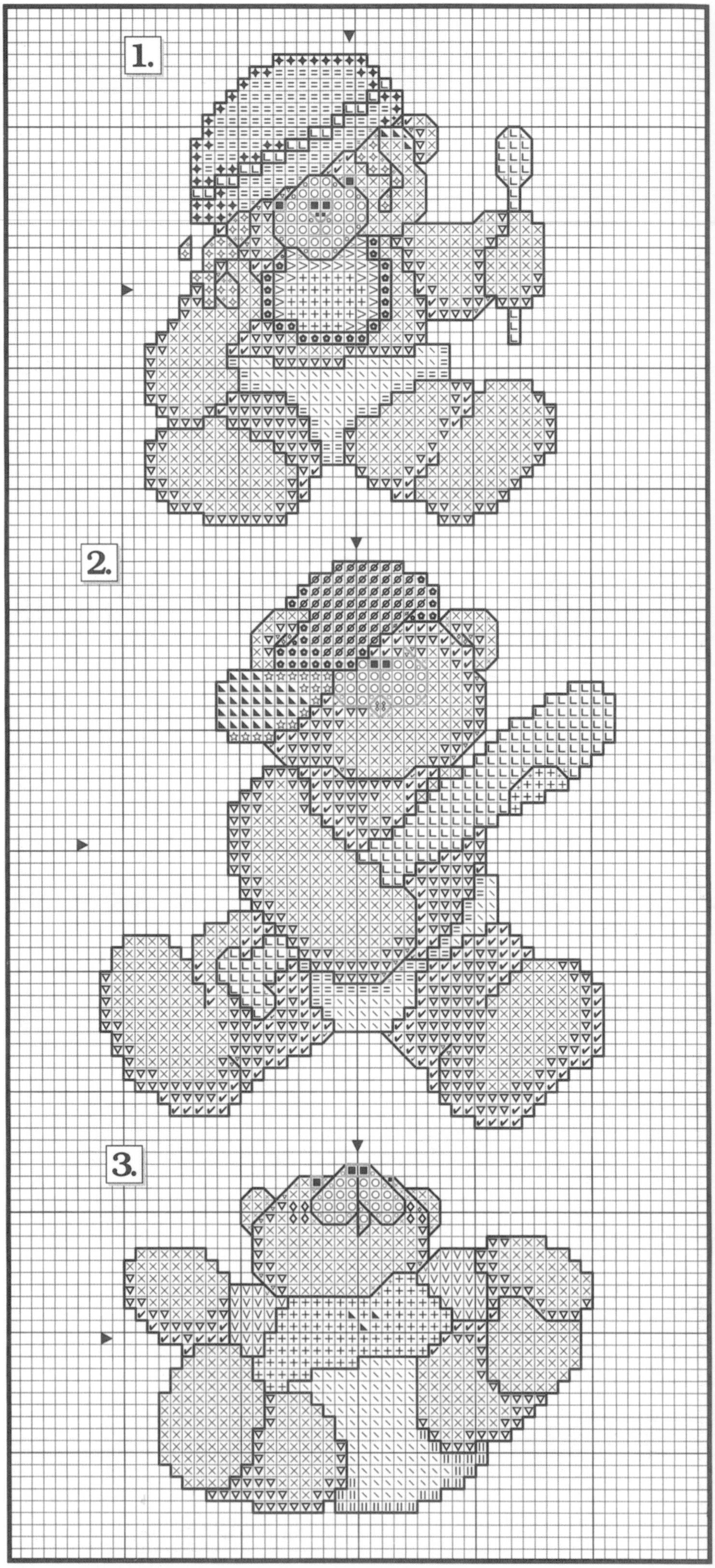

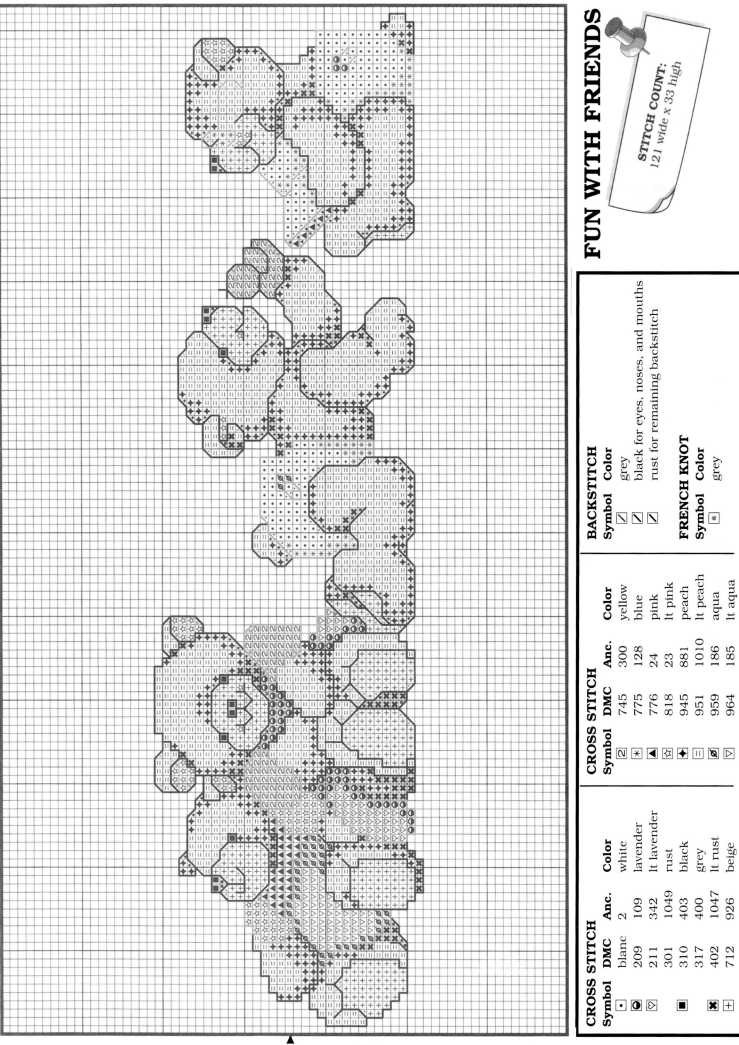

FUN WITH FRIENDS

STITCH COUNT:
121 wide x 33 high

BACKSTITCH

Symbol	Color
⟋	grey
⟋	black for eyes, noses, and mouths
⟋	rust for remaining backstitch

FRENCH KNOT

Symbol	Color
⊙	grey

CROSS STITCH

Symbol	DMC	Anc.	Color
2	745	300	yellow
✳	775	128	blue
◀	776	24	pink
☆	818	23	lt pink
✦	945	881	peach
⊟	951	1010	lt peach
∅	959	186	aqua
▷	964	185	lt aqua

CROSS STITCH

Symbol	DMC	Anc.	Color
·	blanc	2	white
◑	209	109	lavender
⟐	211	342	lt lavender
	301	1049	rust
■	310	403	black
	317	400	grey
✖	402	1047	lt rust
+	712	926	beige

20

FUN IN THE SUN

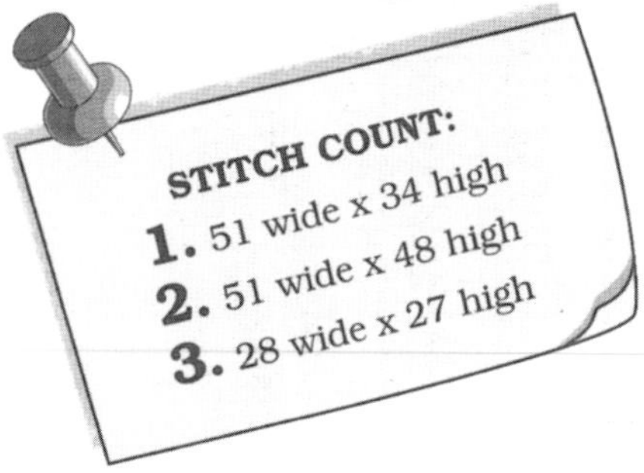

STITCH COUNT:
1. 51 wide x 34 high
2. 51 wide x 48 high
3. 28 wide x 27 high

CROSS STITCH

Symbol	DMC	Anc.	Color
⟍	blanc	2	white
Σ	210	108	lavender
⬟	211	342	lt lavender
	301	1049	rust
■	310	403	black
	317	400	grey
	334	977	sky blue
▽	436	1045	dk tan
◉	437	362	tan
☆	598	167	turquoise
□	738	361	lt tan
○	739	387	vy lt tan
V	744	301	yellow
L	745	300	lt yellow
=	775	128	vy lt blue
◣	776	24	pink
∅	800	144	lt blue
◇	818	23	lt pink
>	954	203	green
+	955	206	lt green
Π	959	186	aqua
♡	964	185	lt aqua
•	3811		lt turquoise

BACKSTITCH

Symbol	Color
/	black
/	rust for duck and bear's fur
/	sky blue for water and bubbles
/	grey for remaining backstitch

FRENCH KNOT

Symbol	Color
●	black

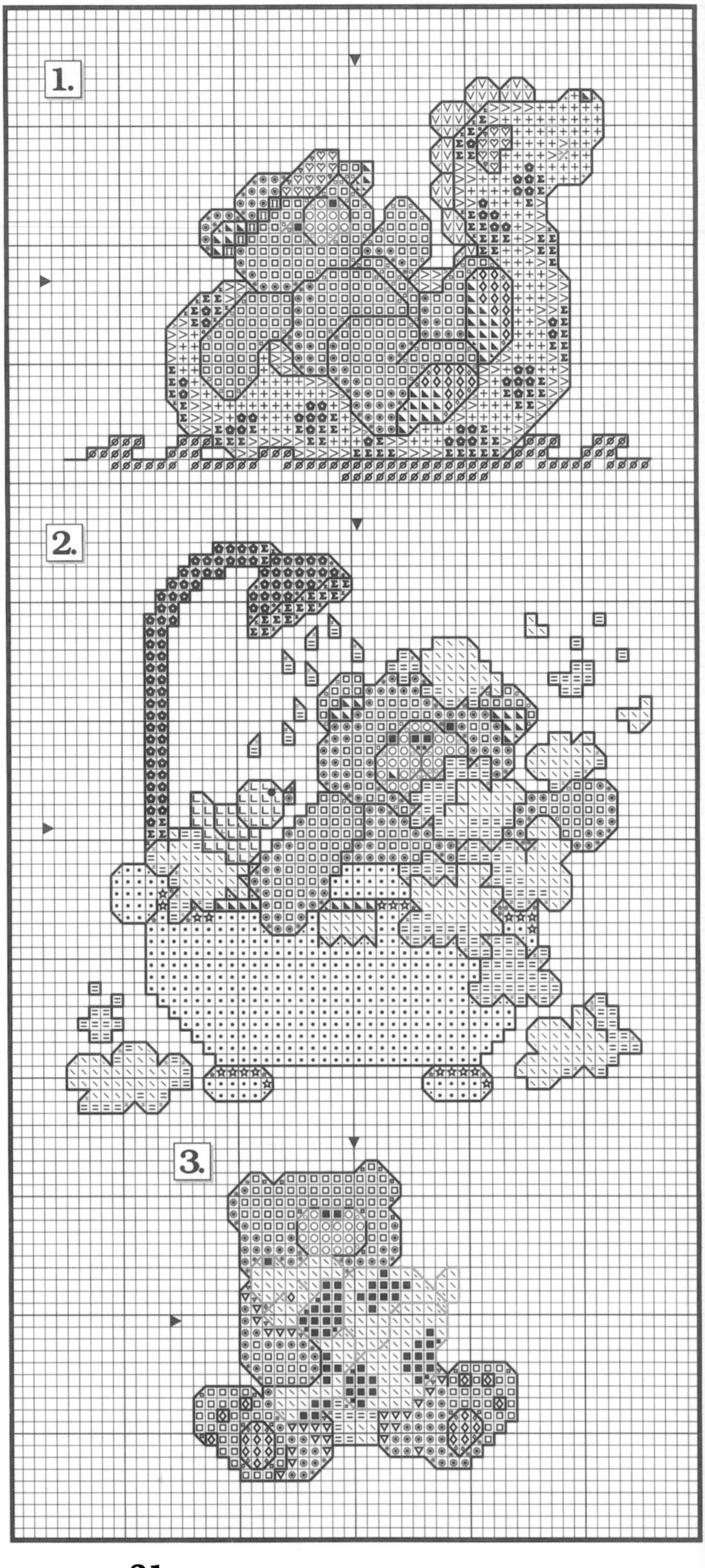

1.
2.
3.

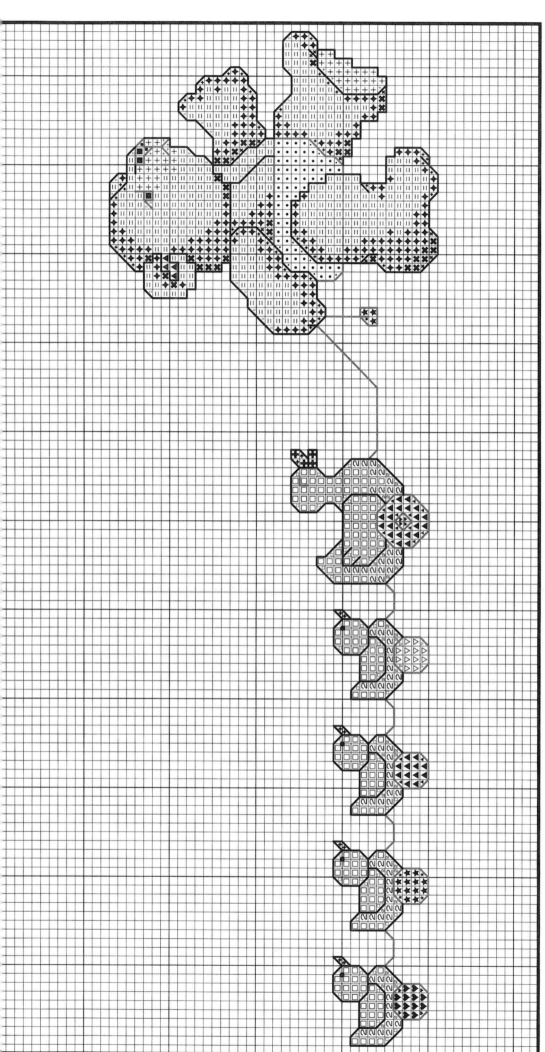

CROSS STITCH

Symbol	DMC	Anc.	Color
•	blanc	2	white
★	210	108	lavender
	301	1049	dk rust
■	310	403	black
	317	400	grey
✖	402	1047	rust
+	712	926	cream
2	744	301	yellow

CROSS STITCH

Symbol	DMC	Anc.	Color
□	745	300	lt yellow
◢	776	24	pink
▶	800	144	blue
+	945	881	lt rust
=	951	1010	vy lt rust
▷	964	185	aqua
✚	3825		orange

BACKSTITCH

Symbol	Color
╱	black for bear's eye, nose, and mouth, and duck's eye
╱	grey for remaining backstitch
╱	dk rust

FRENCH KNOT

Symbol	Color
•	grey

22

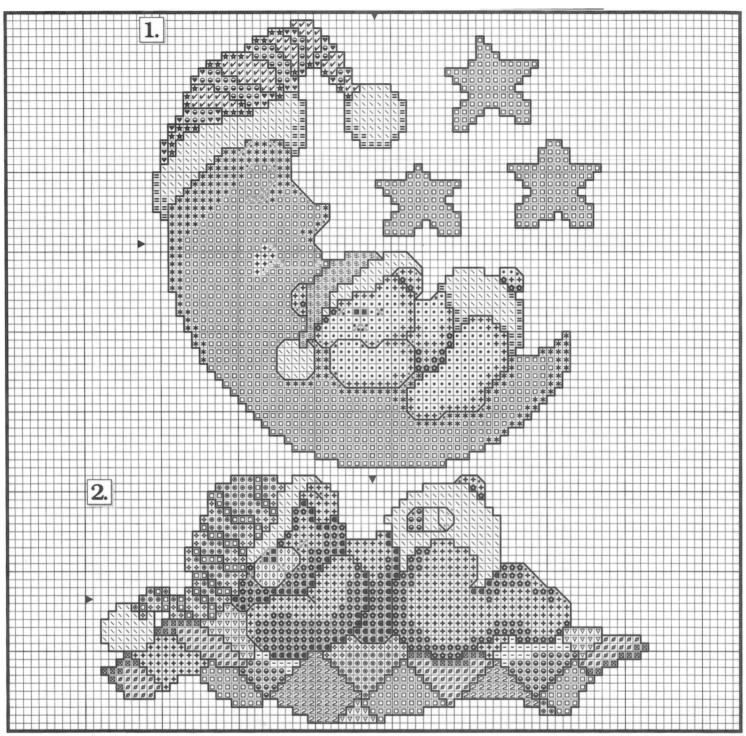

S SLEEPING

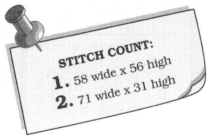

STITCH COUNT:
1. 58 wide x 56 high
2. 71 wide x 31 high

CROSS STITCH			
Symbol	DMC	Anc.	Color
◲	blanc	2	white
❖	209	109	lavender
◎	211	342	lt lavender
	301	1049	rust
■	310	403	black
	317	400	grey
2	353	6	peach
	400	351	dk rust
⬟	402	1047	vy lt rust
◇	739	387	beige
✳	744	301	yellow
▣	745	300	lt yellow
＝	775	128	vy lt blue
✔	776	24	lt pink
♥	799	136	dk blue
◉	800	144	lt blue
−	809	130	blue

CROSS STITCH			
Symbol	DMC	Anc.	Color
✦	818	23	vy lt pink
★	899	52	pink
✚	945	881	tan
•	951	1010	lt tan
▽	955	206	green
⊠	959	186	aqua
∅	964	185	lt aqua
◨	3776	1048	lt rust
$	3811		turquoise

BACKSTITCH

Symbol	Color
╱	black
╱	rust for stars, moon, and bear's fur in #1
╱	dk rust for bear's fur in #2
╱	grey for remaining backstitch

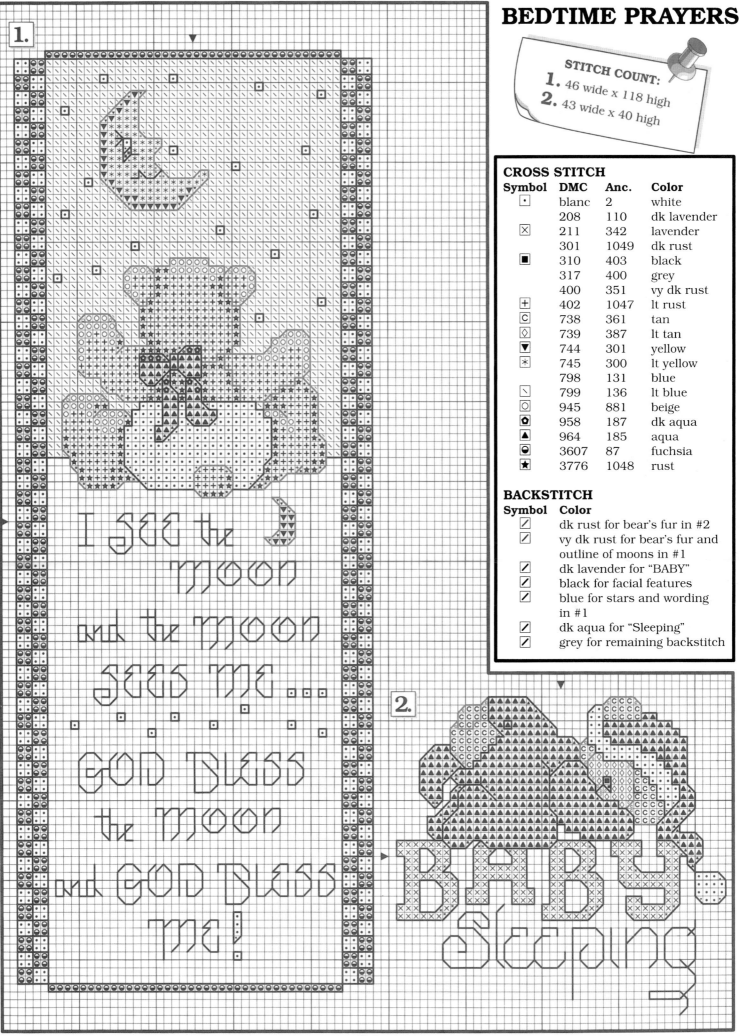

BEDTIME PRAYERS

STITCH COUNT:
1. 46 wide x 118 high
2. 43 wide x 40 high

CROSS STITCH

Symbol	DMC	Anc.	Color
·	blanc	2	white
	208	110	dk lavender
⊠	211	342	lavender
	301	1049	dk rust
■	310	403	black
	317	400	grey
	400	351	vy dk rust
+	402	1047	lt rust
C	738	361	tan
◇	739	387	lt tan
▼	744	301	yellow
✳	745	300	lt yellow
	798	131	blue
＼	799	136	lt blue
○	945	881	beige
⬠	958	187	dk aqua
▲	964	185	aqua
◉	3607	87	fuchsia
★	3776	1048	rust

BACKSTITCH

Symbol	Color
╱	dk rust for bear's fur in #2
╱	vy dk rust for bear's fur and outline of moons in #1
╱	dk lavender for "BABY"
╱	black for facial features
╱	blue for stars and wording in #1
╱	dk aqua for "Sleeping"
╱	grey for remaining backstitch

1.

I see the moon
and the moon
sees me ...
GOD bless
the moon
and GOD bless
me !

2.

BABY
Sleeping

BABIES GROW WITH LOVE

STITCH COUNT:
87 wide x 62 high

CROSS STITCH			
Symbol	DMC	Anc.	Color
·	blanc	2	white
◢	210	108	lavender
	301	1049	rust
	317	400	dk grey
✳	318	399	grey
	335	38	dk pink
◎	722	323	orange
	743	302	dk yellow
▲	744	301	yellow
♥	762	234	lt grey
◉	776	24	lt pink
◓	799	136	blue
4	800	144	lt blue
>	899	52	pink
	911	205	dk green
‖	948	1011	flesh
◆	954	203	green
✕	955	206	lt green

CROSS STITCH			
Symbol	DMC	Anc.	Color
◇	959	186	aqua
$	3825		lt orange

BACKSTITCH

Symbol	Color
╱	rust
╱	dk grey for bird's beak, hat, diaper, watering can, sun's face, and butterfly
╱	dk pink for heart, ribbons on carrots and celery, beets, and "grow with love"
╱	dk yellow for sun's rays (long stitches)
╱	dk green for grass, lettuce, celery, and leaves
╱	blue for remaining backstitch

FRENCH KNOT

Symbol	Color
●	dk grey

NURSERY FUN

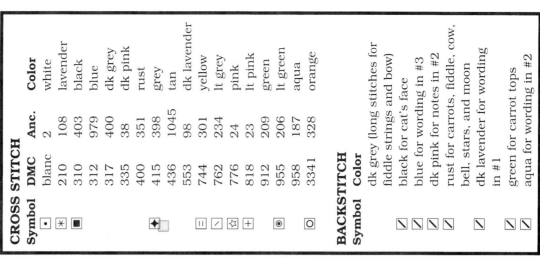

CROSS STITCH

Symbol	DMC	Anc.	Color
·	blanc	2	white
✳	210	108	lavender
■	310	403	black
	312	979	blue
	317	400	dk grey
✦	335	38	dk pink
▨	400	351	rust
	415	398	grey
⊨	436	1045	tan
╱	553	98	dk lavender
☆	744	301	yellow
＋	762	234	lt grey
	776	24	pink
◉	818	23	lt pink
	912	209	green
◯	955	206	lt green
	958	187	aqua
	3341	328	orange

BACKSTITCH

Symbol	Color
╱	dk grey (long stitches for fiddle strings and bow)
╱	black for cat's face
╱	blue for wording in #3
╱	dk pink for notes in #2
╱	rust for carrots, fiddle, cow, bell, stars, and moon
╱	dk lavender for wording in #1
╱	green for carrot tops
╱	aqua for wording in #2

1.

2.

3.

LIL' MONSTER

STITCH COUNT:
72 wide x 60 high

CROSS STITCH			
Symbol	**DMC**	**Anc.**	**Color**
■	310	403	black
	317	400	grey
\	744	301	yellow
•	775	128	lt blue
+	776	24	pink
✱	798	131	dk blue
▢	3325	129	blue
✖	3608	86	fuchsia
◉	3609	85	lt fuchsia

BACKSTITCH	
Symbol	**Color**
╱	black
╱	dk blue for wording
╱	grey for remaining backstitch

27

HAVE A BALL

STITCH COUNT:
1. 106 wide x 27 high
2. 97 wide x 34 high
3. 88 wide x 26 high

CROSS STITCH

Symbol	DMC	Anc.	Color
⊡	blanc	2	white
▣	211	342	lavender
	301	1049	rust
▪	310	403	black
	317	400	dk grey
✳	318	399	grey
◤	352	9	dk peach
◣	353	6	peach
▶	437	362	dk tan
I	738	361	tan
○	739	387	lt tan
↘	745	300	yellow
◆	746	275	lt yellow
⊕	775	128	lt blue
✕	776	24	pink
✦	800	144	blue
★	818	23	lt pink
◀	954	203	green
▢	955	206	lt green
▨	964	185	aqua
▷	3811		turquoise
⩲	3825		orange

BACKSTITCH

Symbol	Color
╱	rust
╱	black for bears' mouths in #1, and all eyes and noses
╱	dk grey for remaining backstitch

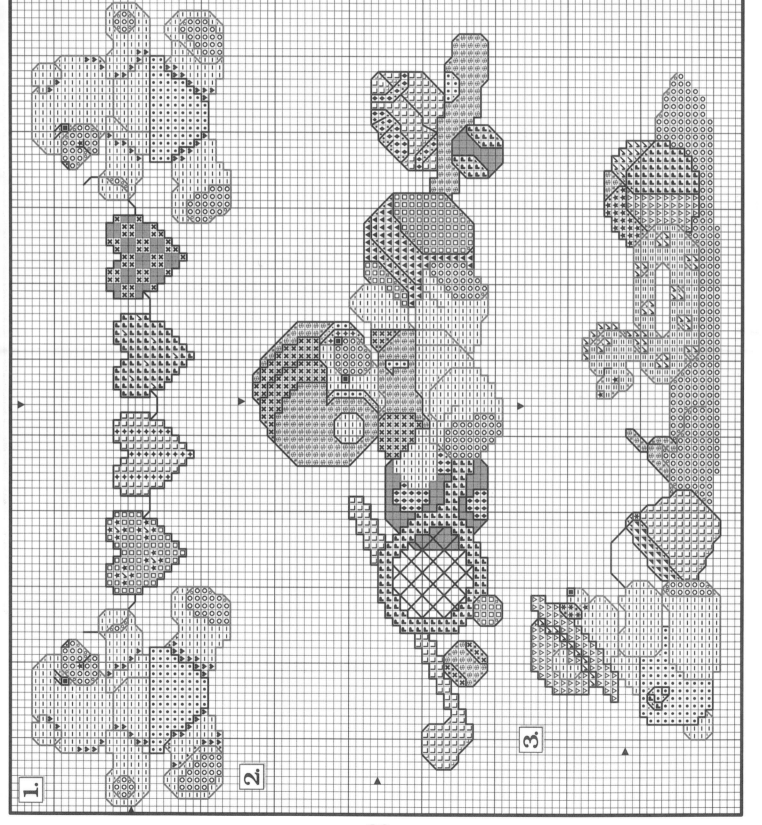

1.

2.

3.

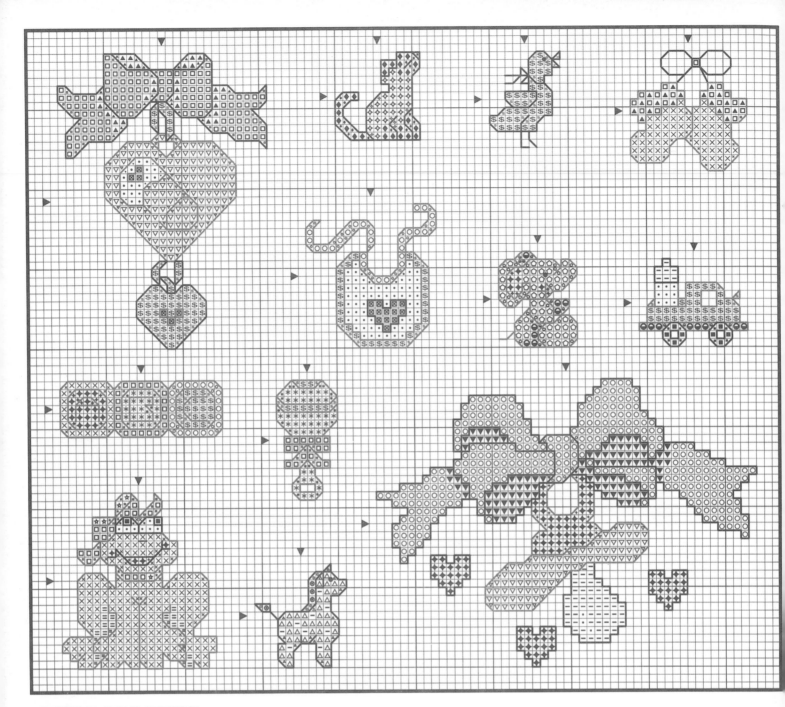

MINI MOTIFS

CROSS STITCH			
Symbol	**DMC**	**Anc.**	**Color**
·	blanc	2	white
	208	110	dk lavender
☆	209	109	lavender
▲	210	108	lt lavender
▢	211	342	vy lt lavender
	301	1049	rust
■	310	403	black
	317	400	dk grey
	335	38	dk pink
◎	352	9	peach
−	353	6	lt peach
◓	415	398	grey
◆	437	362	tan
◈	739	387	lt tan
$	745	300	yellow
△	746	275	lt yellow
◌	762	234	lt grey

CROSS STITCH			
Symbol	**DMC**	**Anc.**	**Color**
▽	775	128	lt blue
⊠	776	24	pink
	799	136	dk blue
✳	800	144	blue
✦	818	23	lt pink
=	954	203	green
✕	955	206	lt green
▼	958	187	aqua
◯	964	185	lt aqua
	3812		dk aqua
▷	3825		orange

BACKSTITCH	
Symbol	**Color**
╱	dk grey
╱	dk lavender for ribbon on locket

BACKSTITCH	
Symbol	**Color**
╱	lavender for booties
╱	black for cat's eye and nose, frog, and truck tires
╱	rust for cat, giraffe, duck, bottle, pacifier, yellow heart, and links on locket
╱	dk pink for hearts around pacifier and on bib
╱	dk blue for duck's ribbon
╱	dk aqua for ribbon on pacifier

FRENCH KNOT	
Symbol	**Color**
•	rust for giraffe
•	black for duck
•	dk grey for elephant

HEY DIDDLE DIDDLE

THE CAT AND THE FIDDLE

THE COW JUMPED OVER THE MOON

BABIES ARE FOR LOVING !!!

HAPPY Birthday

I ♥ GRANDPA

BABIES, BABIES, EVERYWHERE

CROSS STITCH

Symbol	DMC	Anc.	Color
·	blanc	2	white
	208	110	dk lavender
✖	210	108	lavender
◯	211	342	lt lavender
	301	1049	dk rust
	317	400	grey
	335	38	dk pink
◇	402	1047	lt rust
▼	745	300	yellow
✳	754	1012	flesh
✔	775	128	lt blue
◒	776	24	pink
★	800	144	blue
∅	818	23	lt pink
◉	945	881	vy lt rust
=	948	1011	lt flesh
✚	959	186	dk aqua
♥	964	185	aqua
■	3776	1048	rust
$	3811		lt aqua

BACKSTITCH

Symbol	Color
╱	dk lavender for "Yummy"
╱	grey for clothing, rattle, spoon, and balloon string
╱	dk pink for heart, balloon, and mouths
╱	dk rust for remaining backstitch

FRENCH KNOT

Symbol	Color
●	grey

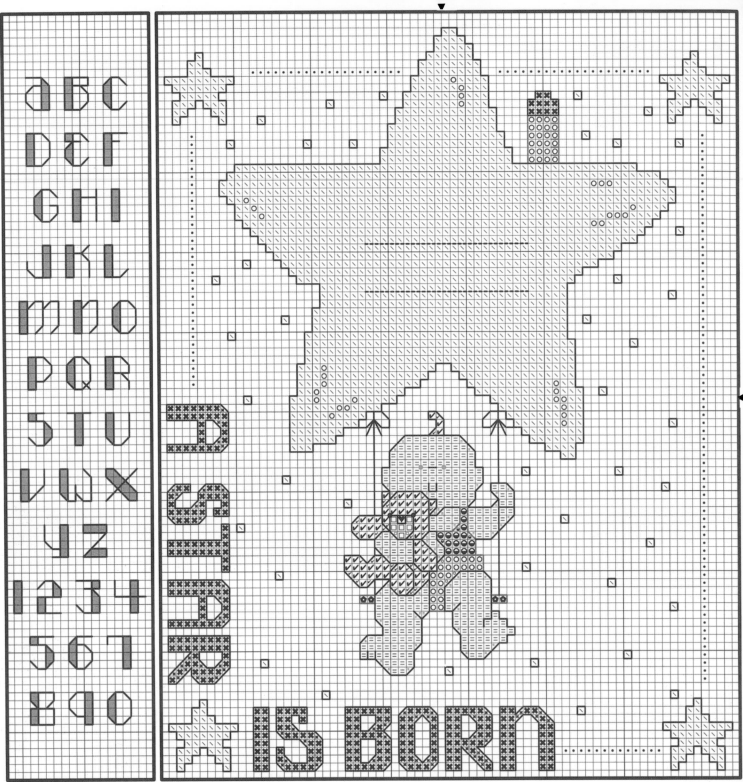

A STAR IS BORN

STITCH COUNT:
73 wide x 93 high

Personalize your design with the alphabet provided using peach for Cross Stitch and dk peach for Backstitch. Trace name and date on tracing paper. Tape tracing paper to star, centering name and date on dashed lines.

CROSS STITCH			
Symbol	DMC	Anc.	Color
◯	blanc	2	white
	301	1049	rust
♥	310	403	black
	317	400	lt grey
	351	10	dk peach
▓	352	9	peach
✖	353	6	lt peach
✔	402	1047	lt rust
	413	401	grey
◺	745	300	yellow
⬠	776	24	pink
·	799	136	blue
◉	818	23	lt pink
▢	945	881	vy lt rust

CROSS STITCH			
Symbol	DMC	Anc.	Color
＝	948	1011	flesh

BACKSTITCH

Symbol	Color
╱	lt grey
╱	black for bear's nose
╱	dk peach for wording and baby's mouth
╱	blue for rope
╱	rust for remaining backstitch

FRENCH KNOT

Symbol	Color
•	black
◮	grey

STITCH COUNT:
70 wide x 93 high

Personalize your design with the alphabet and numbers provided using Cross Stitch for Cross Stitch. lt pink and dk pink for Backstitch.

CROSS STITCH

Symbol	DMC	Anc.	Color
•	blanc	2	white
◄	208	110	dk lavender
☆	209	109	lavender
■	211	342	lt lavender
	310	403	black
	317	400	grey
⊞	322	978	dk blue
	335	38	dk pink
	353	6	peach
★	400	351	rust
○	402	1047	lt rust
◁	739	387	tan
◐	745	300	yellow
◣	775	128	lt blue
‖	776	24	pink
❖	800	144	blue
◇	818	23	lt pink
2	945	881	flesh
∧	951	1010	lt flesh
∨	955	206	green
	3811		turquoise

BACKSTITCH

Symbol	Color
╱	black
╱	dk lavender for ribbons
╱	rust for bear and ducks
╱	dk blue for wording and boxes
╱	dk pink for "lbs," " ozs," hearts, strings, and shelf
╱	grey for remaining backstitch (use long stitch for needle on scale)

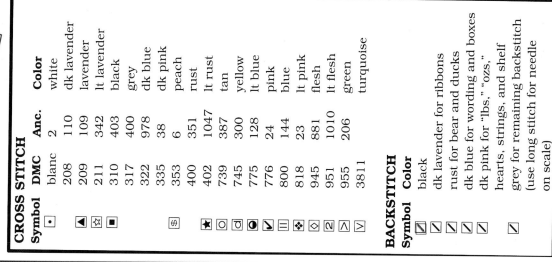

center name

WEIGHING IN

lbs   ozs

BORN THIS DAY

center date

NEW ARRIVAL

STITCH COUNT:
59 wide x 100 high

Personalize your design with the alphabet and numbers on page 36 using turquoise or pink for Cross Stitch and dk turquoise or dk pink for Backstitch.

CROSS STITCH

Symbol	DMC	Anc.	Color
·	blanc	2	white
⌀	211	342	lavender
	301	1049	rust
	317	400	grey
	334	977	dk blue
	335	38	dk pink
✦	352	9	dk peach
○	353	6	peach
△	402	1047	lt rust
■	413	401	dk grey
⊠	437	362	tan
✕	598	167	turquoise
✔	745	300	yellow
$	775	128	lt blue
✚	776	24	pink
▲	800	144	blue
	807	168	dk turquoise
♡	818	23	lt pink
⊟	945	881	vy lt rust
∨	948	1011	flesh
◉	955	206	green
☆	3811		lt turquoise

BACKSTITCH

Symbol	Color
⁄	rust for bear, giraffe, and flesh
⁄	dk pink for remaining backstitch
⁄	dk blue for zigzag borders
⁄	dk grey for dog
⁄	grey for remaining backstitch

FRENCH KNOT

Symbol	Color
·	grey

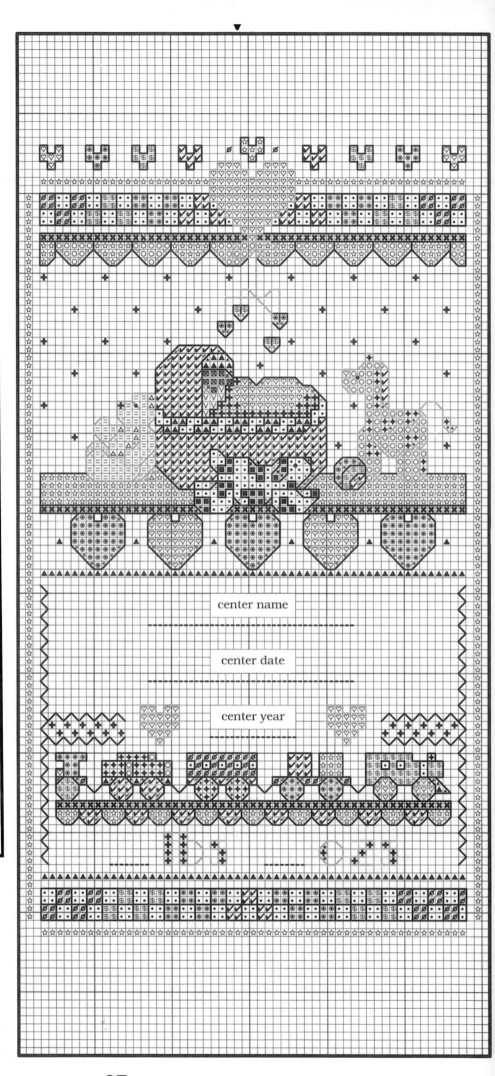

center name

center date

center year

37

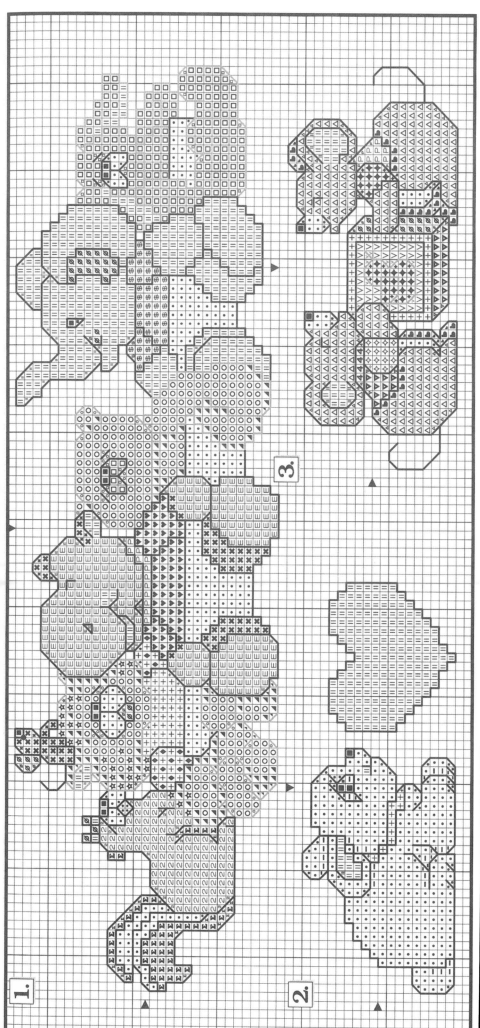

PLAYTIME PALS

STITCH COUNT:
1. 106 wide x 31 high
2. 47 wide x 18 high
3. 46 wide x 20 high

BACKSTITCH

Symbol	Color
	dk rust
	black for animals' eyes and noses, skunk, muzzles on tiger, bear, and tan bunny, and white bunny's mouth
	dk pink for heart
	dk grey for small mouse, hippo, and elephant
	grey for remaining backstitch

FRENCH KNOT

Symbol	Color
●	black

CROSS STITCH

Symbol	DMC	Anc.	Color
	775	128	lt blue
	776	24	pink
$	800	144	blue
=	818	23	lt pink
◆	912	209	green
O	945	881	vy lt rust
+	955	206	lt green
▷	959	186	aqua
✕	3023	391	beige
E	3033	391	lt beige
☆	3776	1048	rust
Σ	3799	236	dk grey
◇	3811		lt aqua

CROSS STITCH

Symbol	DMC	Anc.	Color
●	blanc	2	white
◢	209	109	lavender
▽	211	342	lt lavender
■	310	403	black
2	317	400	grey
	335	38	dk pink
P	353	6	peach
	400	351	dk rust
◤	402	1047	lt rust
■	415	398	lt grey
□	739	387	tan
▶	744	301	yellow
✦	745	300	lt yellow
◁	762	234	vy lt grey

1.

2.

3.

38

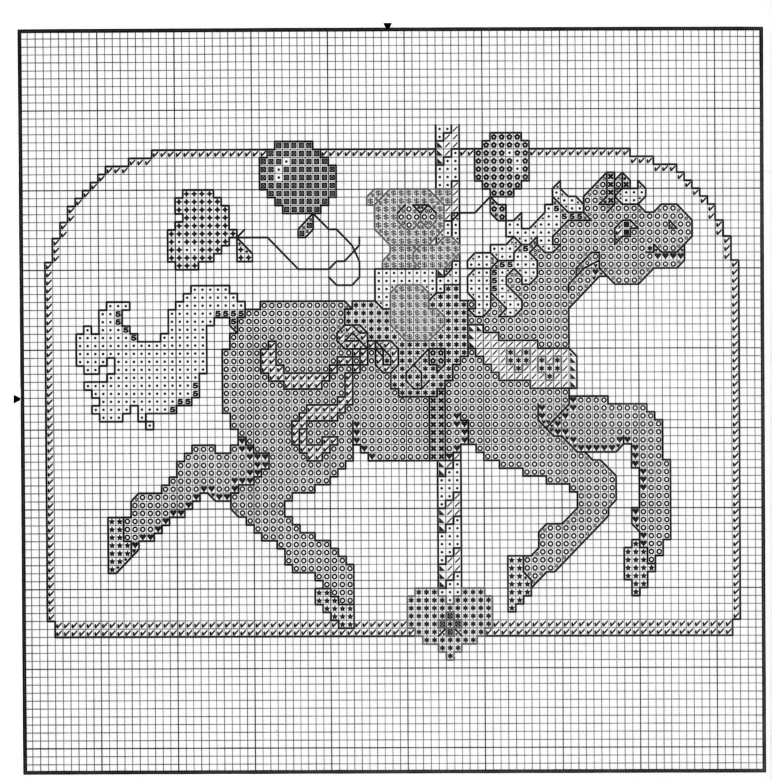

RIDING HIGH

STITCH COUNT:
90 wide x 67 high

CROSS STITCH			
Symbol	**DMC**	**Anc.**	**Color**
⋅	blanc	2	white
✦	211	342	lavender
■	310	403	black
	317	400	grey
	335	38	dk pink
	400	351	rust
♥	738	361	tan
O	739	387	lt tan
⊠	744	301	yellow
★	762	234	lt grey
5	775	128	lt blue
✖	776	24	pink
✓	800	144	blue
✱	818	23	lt pink

CROSS STITCH			
Symbol	**DMC**	**Anc.**	**Color**
	912	209	dk green
◣	913	204	green
$	945	881	beige
⧄	955	206	lt green
⌂	3811		aqua

BACKSTITCH	
Symbol	**Color**
╱	dk pink for hearts
╱	rust for flower and bear
╱	black for eyes and bear's nose
╱	dk green for leaves
╱	grey for remaining backstitch

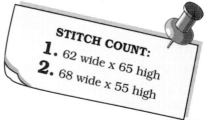

HUGS & KISSES

STITCH COUNT:
1. 62 wide x 65 high
2. 68 wide x 55 high

CROSS STITCH

Symbol	DMC	Anc.	Color
·	blanc	2	white
	208	110	dk lavender
P	210	108	lavender
	301	1049	rust
■	310	403	black
	317	400	grey
	335	38	dk pink
	400	351	dk rust
◆	402	1047	lt rust
⌐	436	1045	dk tan
⌂	437	362	tan
	561	212	dk green
♡	738	361	lt tan
¢	739	387	vy lt tan
✳	744	301	yellow
+	745	300	lt yellow
▶	754	1012	peach
⊠	775	128	lt blue
◊	776	24	lt pink
○	800	144	blue
	807	168	turquoise
▲	809	130	dk blue
☆	818	23	vy lt pink
✦	899	52	pink
▼	913	204	green
△	945	881	vy lt rust
▷	948	1011	lt peach
⊠	955	206	lt green
★	959	186	aqua
‖	964	185	lt aqua
∅	3825		orange

BACKSTITCH

Symbol	Color
╱	black
╱	dk lavender for lavender wording
╱	rust for flesh, flower, "A" on block, and bears' fur in #2
╱	dk pink for hearts, "B" on block, and lt pink wording
╱	dk rust for bears' fur in #1
╱	dk green for leaves
╱	turquoise for "sweet"
╱	grey for remaining backstitch

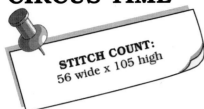

CIRCUS TIME

STITCH COUNT:
56 wide x 105 high

CROSS STITCH

Symbol	DMC	Anc.	Color
•	blanc	2	white
+	210	108	lavender
	310	403	black
	317	400	dk grey
♥	318	399	grey
	335	38	dk pink
✔	415	398	lt grey
\	744	301	yellow
□	776	24	lt pink
◉	800	144	blue
✳	899	52	pink
✕	955	206	green
▽	964	185	aqua

BACKSTITCH

Symbol	Color
╱	black
╱	dk pink for hearts
╱	dk grey for remaining backstitch

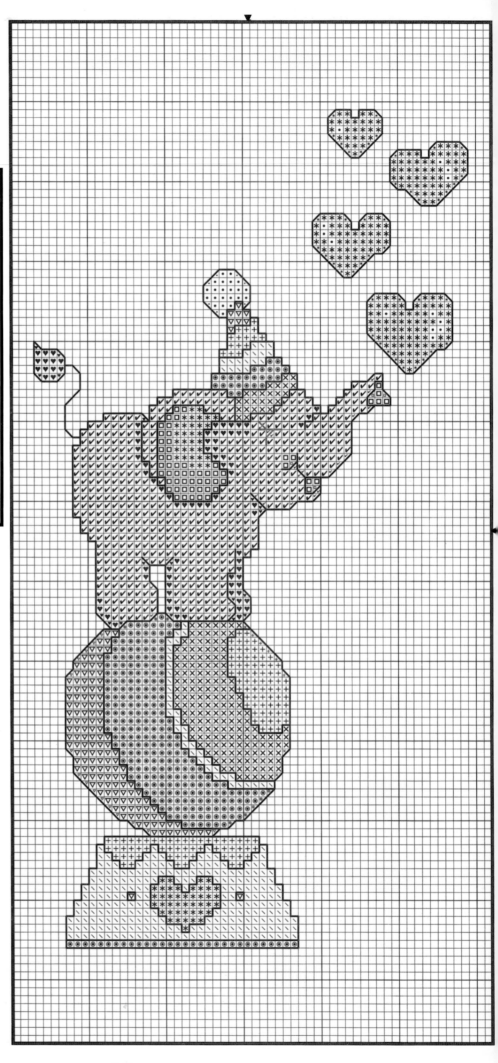

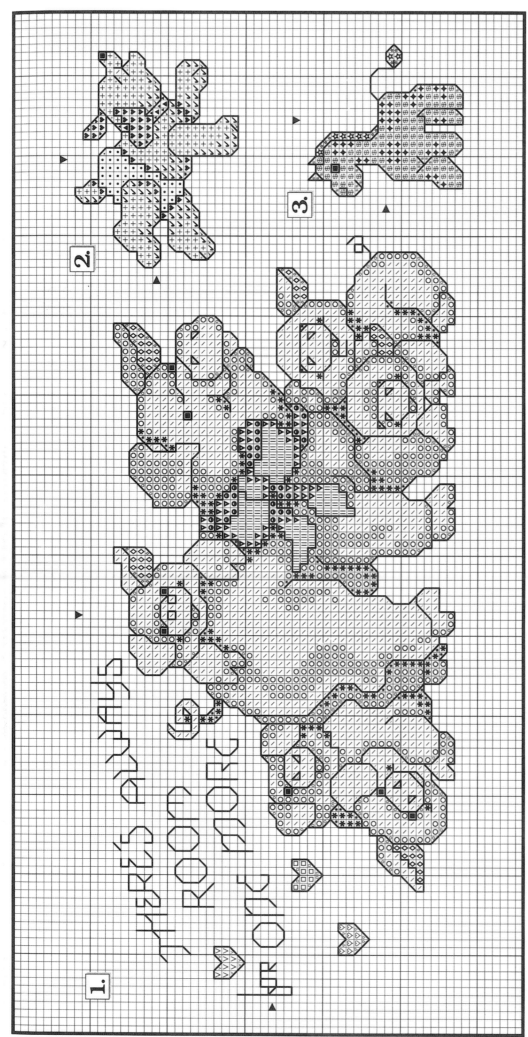

THE MORE THE MERRIER

STITCH COUNT:
1. 95 wide x 47 high
2. 27 wide x 21 high
3. 19 wide x 20 high

CROSS STITCH

Symbol	DMC	Anc.	Color
·	blanc	2	white
V	211	342	lavender
	301	1049	dk rust
■	310	403	black
	317	400	grey
	322	978	dk blue
	335	38	vy dk pink
	400	351	vy dk rust
	402	1047	lt rust
◗	744	301	yellow
☆	745	300	lt yellow
□			

CROSS STITCH

Symbol	DMC	Anc.	Color
O	776	24	pink
◀	800	144	blue
/	818	23	lt pink
◇	819	271	vy lt pink
*	899	52	dk pink
✦	922	1003	rust
◣	945	881	tan
+	951	1010	lt tan
◖	955	206	green
◗	958	187	dk aqua
▶	959	186	aqua

CROSS STITCH

Symbol	DMC	Anc.	Color
‖	964	185	lt aqua
⑂	3825		orange

BACKSTITCH

Symbol	Color
◿	dk rust for puppy's fur
◿	black for eyes, giraffe's nose, and puppy's nose
◿	dk blue for wording
◿	vy dk pink for pigs
◿	vy dk rust for giraffe
◿	grey for remaining backstitch

42

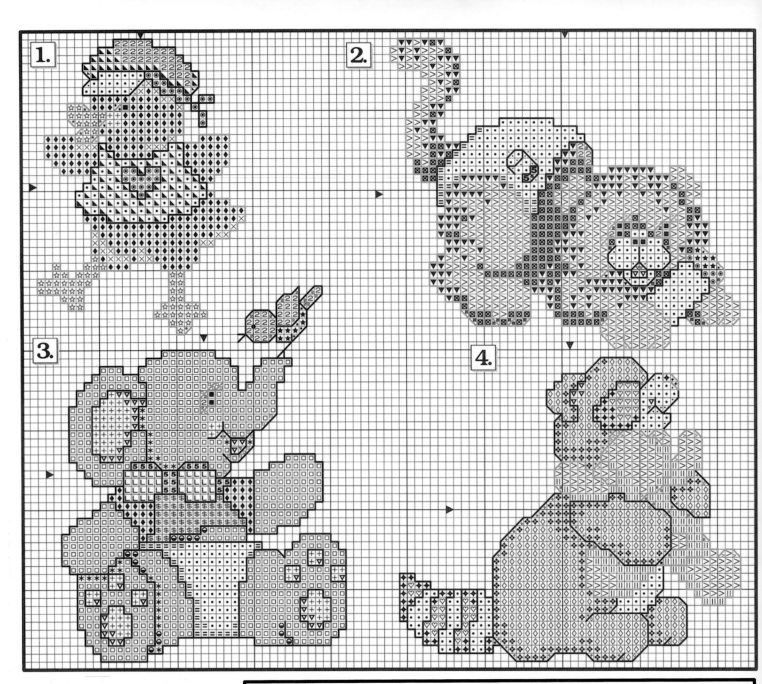

E & CUDDLY

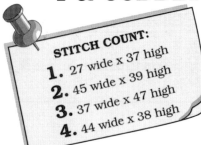

STITCH COUNT:
1. 27 wide x 37 high
2. 45 wide x 39 high
3. 37 wide x 47 high
4. 44 wide x 38 high

CROSS STITCH			
Symbol	DMC	Anc.	Color
·	blanc	2	white
5	209	109	lavender
L	211	342	lt lavender
	301	1049	rust
■	310	403	black
	317	400	dk grey
◖	318	399	lt grey
◉	352	9	peach
★	353	6	lt peach
	400	351	dk rust
▼	402	1047	lt rust
✦	413	401	vy dk grey
▽	414	235	grey
✳	415	398	vy lt grey
‖	738	361	tan
≥	739	387	lt tan
✕	744	301	yellow
◆	745	300	lt yellow
▫	762	234	pearl grey
☰	775	128	lt blue
▽	776	24	pink

CROSS STITCH			
Symbol	DMC	Anc.	Color
◣	799	136	dk blue
2	800	144	blue
+	818	23	lt pink
✦	841	378	beige brown
◇	842	388	lt beige brown
⊠	945	881	vy lt rust
$	955	206	green
☆	3825		orange

BACKSTITCH

Symbol	Color
	black for eyes and noses
	dk rust for tiger and top of bottle
	rust for remaining backstitch
╱	vy dk grey for raccoon
╱	dk grey for remaining backstitch

FRENCH KNOT

Symbol	Color
·	dk grey

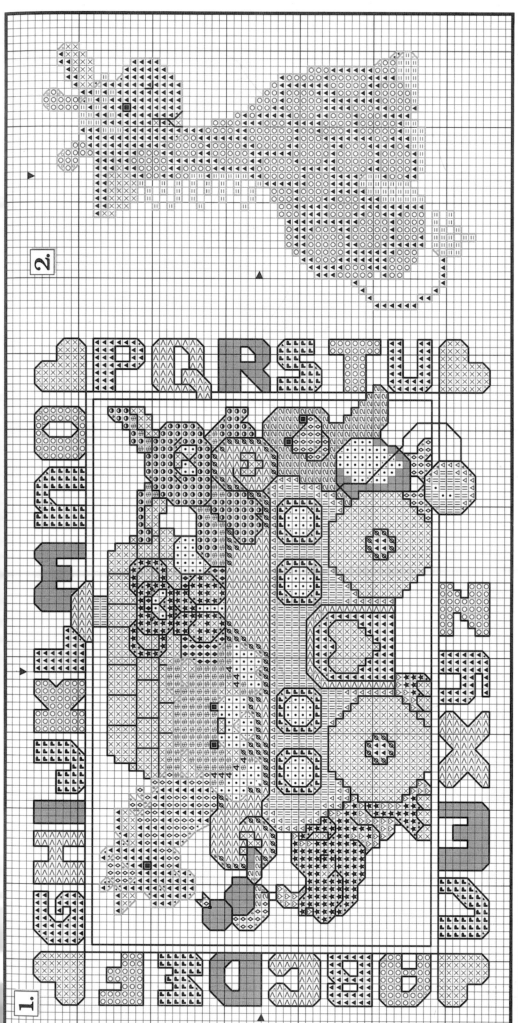

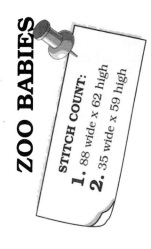

ZOO BABIES

STITCH COUNT:
1. 88 wide x 62 high
2. 35 wide x 59 high

CROSS STITCH

Symbol	DMC	Anc.	Color
·	blanc	2	white
P	211	342	lavender
	301	1049	rust
■	310	403	black
	317	400	dk grey
	335	38	dk pink
	352	9	dk peach
	353	6	peach
=	415	398	grey
○	437	362	dk tan
⊘	738	361	tan
4	739	387	lt tan
$			
●			

CROSS STITCH

Symbol	DMC	Anc.	Color
▲	745	300	yellow
★	762	234	lt grey
2	799	136	blue
⊠	800	144	lt blue
◆	818	23	lt pink
⊘	899	52	pink
∧	954	203	green
◁	955	206	lt green
‖	959	186	aqua
◇	964	185	lt aqua
	3825		orange

BACKSTITCH

Symbol	Color
▱	rust
	black for all eyes and #2 giraffe mouth and nose
▱	dk pink for hearts, cat and bunny noses, and string
▱	dk grey for remaining backstitch

FRENCH KNOT

Symbol	Color
·	black

ANCHORS AWEIGH

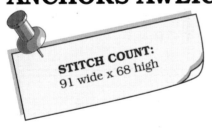

STITCH COUNT:
91 wide x 68 high

CROSS STITCH			
Symbol	DMC	Anc.	Color
•	blanc	2	white
	301	1049	rust
■	310	403	black
	317	400	dk grey
	335	38	dk pink
▲	352	9	peach
Ø	353	6	lt peach
★	415	398	grey
✔	437	362	dk tan
✳	738	361	tan
○	739	387	lt tan
♡	746	275	yellow
⊙	762	234	lt grey
	799	136	blue
✗	800	144	lt blue
◉	818	23	pink
⊠	955	206	green
◖	958	187	dk aqua

CROSS STITCH			
Symbol	DMC	Anc.	Color
✦	959	186	aqua
②	964	185	lt aqua

BACKSTITCH

Symbol	Color
⁄	black
⁄	rust for bear's fur
⁄	dk pink for heart and bottom row of wording
⁄	blue for water
⁄	dk aqua for top row of wording
⁄	aqua for wording on flag
⁄	dk grey for remaining backstitch

FRENCH KNOT

Symbol	Color
•	dk aqua

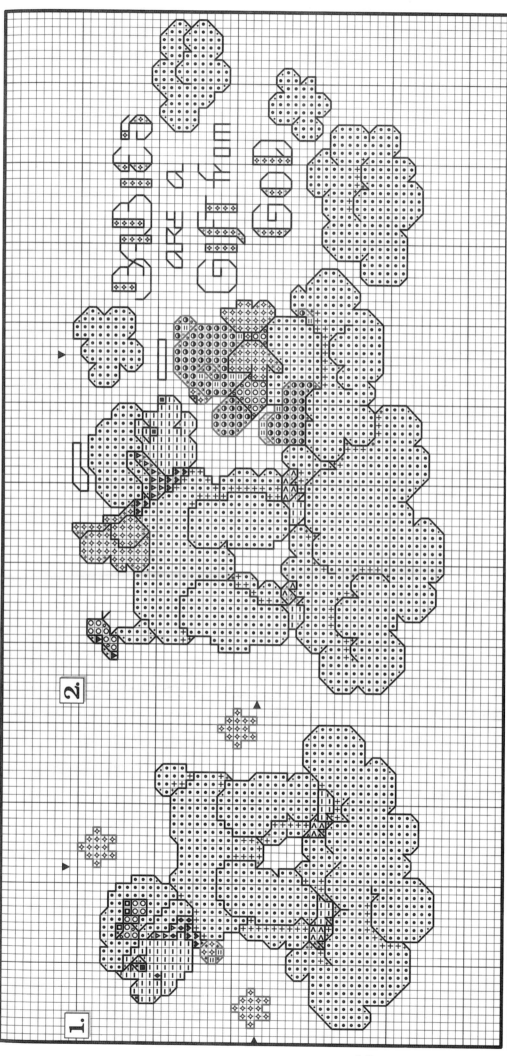

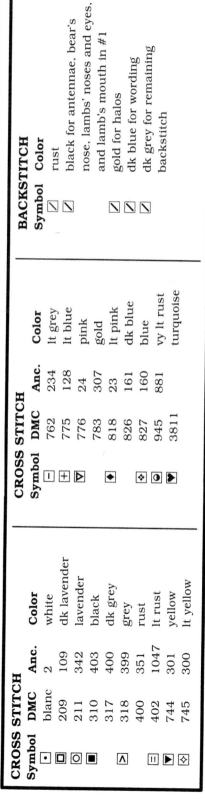

BACKSTITCH

Symbol	Color
⊠	rust
⊠	black for antennae, bear's nose, lambs' noses and eyes, and lamb's mouth in #1
⊠	gold for halos
⊠	dk blue for wording
⊠	dk grey for remaining backstitch

CROSS STITCH

Symbol	DMC	Anc.	Color
−	762	234	lt grey
⊞	775	128	lt blue
▷	776	24	pink
	783	307	gold
◆	818	23	lt pink
	826	161	dk blue
◈	827	160	blue
◑	945	881	vy lt rust
▶	3811		turquoise

CROSS STITCH

Symbol	DMC	Anc.	Color
•	blanc	2	white
▢	209	109	dk lavender
○	211	342	lavender
■	310	403	black
⋎	317	400	dk grey
	318	399	grey
	400	351	rust
≡	402	1047	lt rust
▶	744	301	yellow
✧	745	300	lt yellow

ROCK-A-BYE BABY

CROSS STITCH

Symbol	DMC	Anc.	Color
•	blanc	2	white
⊳	209	109	lavender
♡	211	342	lt lavender
■	310	403	black
	317	400	dk grey
★	318	399	grey
	335	38	dk pink
	400	351	rust
◣	415	398	lt grey
◇	437	362	dk tan
○	738	361	tan
◥	739	387	lt tan
✦	744	301	yellow
◩	745	300	lt yellow
✕	762	234	vy lt grey
▢	776	24	lt pink
◉	800	144	blue
▭	818	23	vy lt pink
✪	899	52	pink
	911	205	dk green
▽	954	203	green
+	955	206	lt green

BACKSTITCH

Symbol	Color
╱	rust for bear and bird
╱	dk green for leaves and stems
╱	black for elephant's eye and bear's face
╱	dk pink for hearts and flowers
╱	dk grey for remaining backstitch

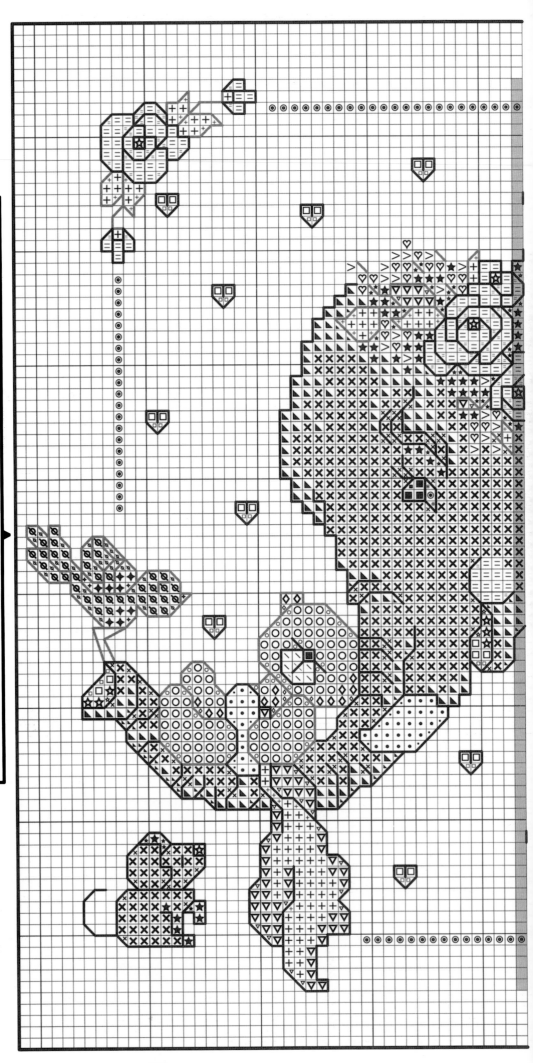

47

BLESS THIS CHILD

STITCH COUNT:
130 wide x 107 high

Personalize your design with the alphabet and numbers provided using lavender for Cross Stitch and dk lavender for Backstitch. Trace name, date, and weight on tracing paper. Tape tracing paper to heart, centering name, date, and weight on dashed lines.

CROSS STITCH

Symbol	DMC	Anc.	Color
⊡	blanc	2	white
	208	110	dk lavender
✧	210	108	lavender
	301	1049	dk rust
+	310	403	black
	312	979	dk blue
	317	400	grey
	335	38	dk pink
♡	402	1047	lt rust
	743	302	dk yellow
‖	744	301	yellow
⊟	746	275	lt yellow
✕	775	128	lt blue
♥	776	24	pink
◕	800	144	blue
\	818	23	lt pink
⊙	948	1011	peach
2	959	186	aqua
✦	964	185	lt aqua
■	3776	1048	rust

BACKSTITCH

Symbol	Color
∕	dk rust
∕	black for eyes and mouth
∕	dk blue for "Bless This Child..."
∕	grey for clothes, shoes, and clouds
∕	dk pink for heart
∕	dk yellow for halo and star tails

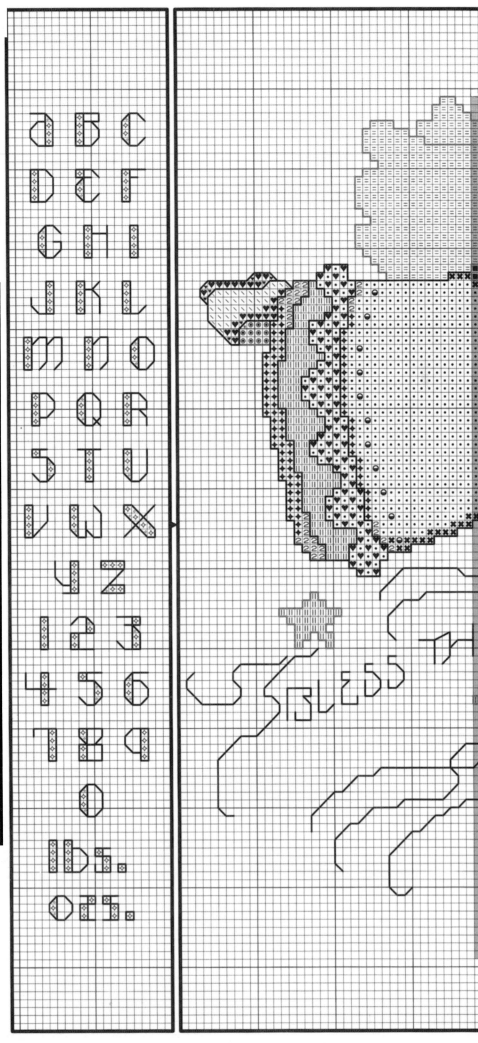

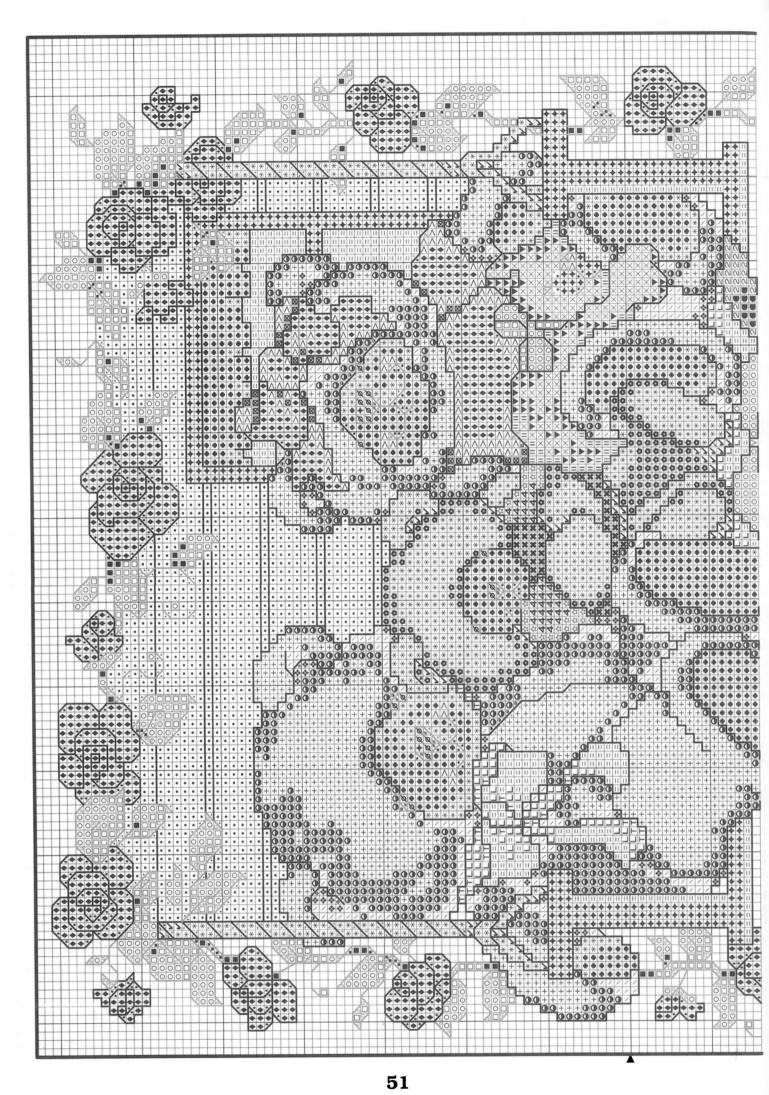

BABIES HAVE A SPECIAL WAY

STITCH COUNT:
116 wide x 144 high

CROSS STITCH

Symbol	DMC	Anc.	Color
	blanc	2	white
	209	109	lavender
	211	342	lt lavender
	310	403	black
	318	399	grey
	334	977	dk blue
	335	38	dk pink
	400	351	dk rust
	402	1047	lt rust
	413	401	dk grey
	415	398	lt grey
	435	1046	dk tan
	436	1045	tan
	738	361	lt tan
	739	387	vy lt tan

CROSS STITCH

Symbol	DMC	Anc.	Color
	745	300	yellow
	746	275	lt yellow
	762	234	vy lt grey
	775	128	lt blue
	776	24	lt pink
	818	23	vy lt pink
	899	52	pink
	910	229	dk green
	912	209	green
	938	381	brown
	945	881	vy lt rust
	954	203	lt green
	955	206	vy lt green
	958	187	dk turquoise
	959	186	turquoise

CROSS STITCH

Symbol	DMC	Anc.	Color
4	964	185	lt turquoise
L	3325	129	blue
/	3776	1048	rust

BACKSTITCH

Symbol	Color
	black for eyes, noses, and mouths
	dk green for leaves and stems
	dk blue for wording
	dk pink for flowers and borders around wording
	dk grey for window frame, clothing, bows, cat, swing, and quilt
	brown for remaining backstitch

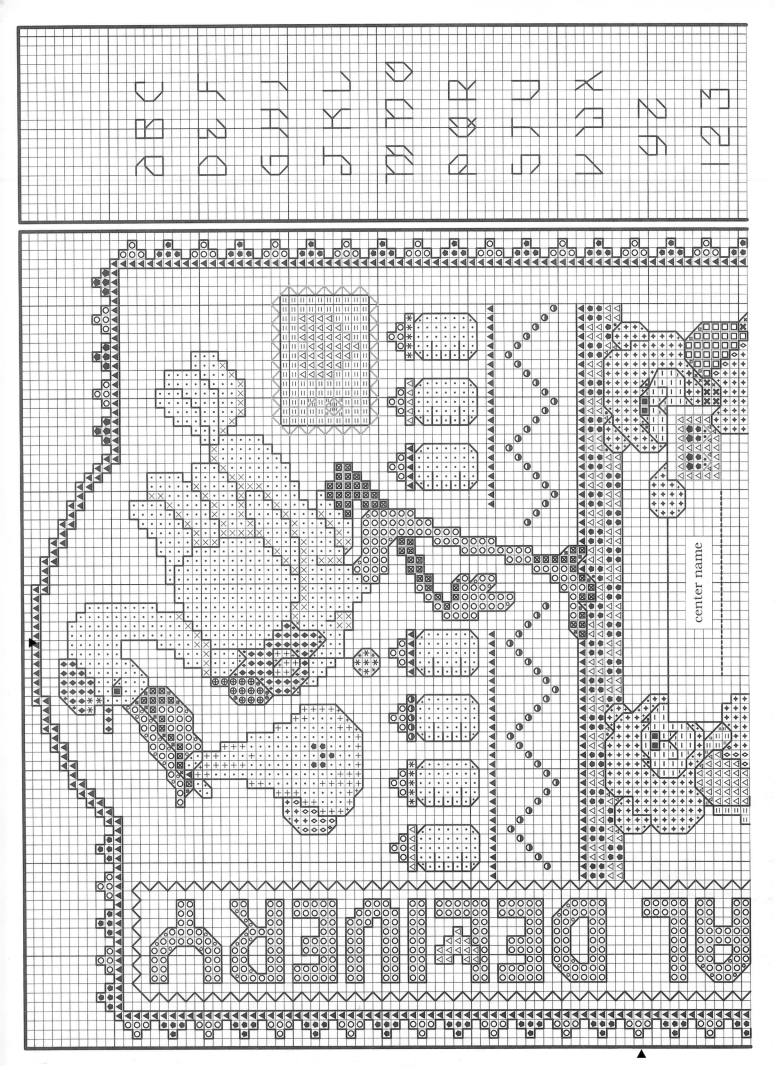

center name

53

Shaded line indicates overlap from opposite page.

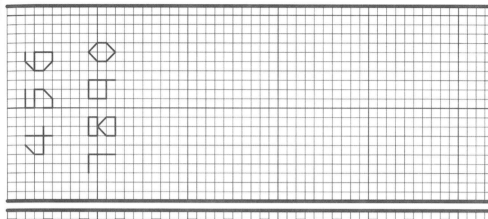

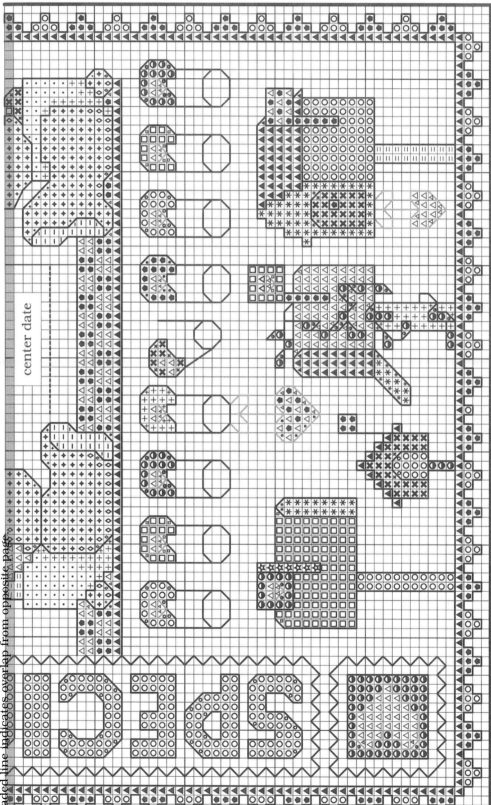

center date

SPECIAL DELIVERY

STITCH COUNT:
86 wide x 132 high

Personalize your design with the alphabet and numbers provided using turquoise for Backstitch.

CROSS STITCH

Symbol	DMC	Anc.	Color
·	blanc	2	white
✖	211	342	lavender
■	310	403	black
	317	400	dk grey
	322	978	dk blue
◆	335	38	dk pink
	350	11	dk peach
	352	9	peach
	353	6	lt peach
◇	400	351	rust
	437	362	dk tan
✛	738	361	tan
–	739	387	lt tan
✳	744	301	yellow
□	745	300	lt yellow
⊠	762	234	grey
◿	818	23	lt pink
◑	911	205	dk green
◀	955	206	green
●	3325	129	blue
	3326	36	pink
✚	3756	1037	lt blue
☆	3810		turquoise
⊟	3811		lt turquoise

BACKSTITCH

Symbol	Color
⟋	dk pink
⟍	black for stork's eye and bears' eyes, noses, and mouths
⟋	dk blue for zigzag borders
⟍	rust for bears' fur, baby's head, and bottle tops
⟋	dk green for leaves
⟍	dk grey for remaining backstitch

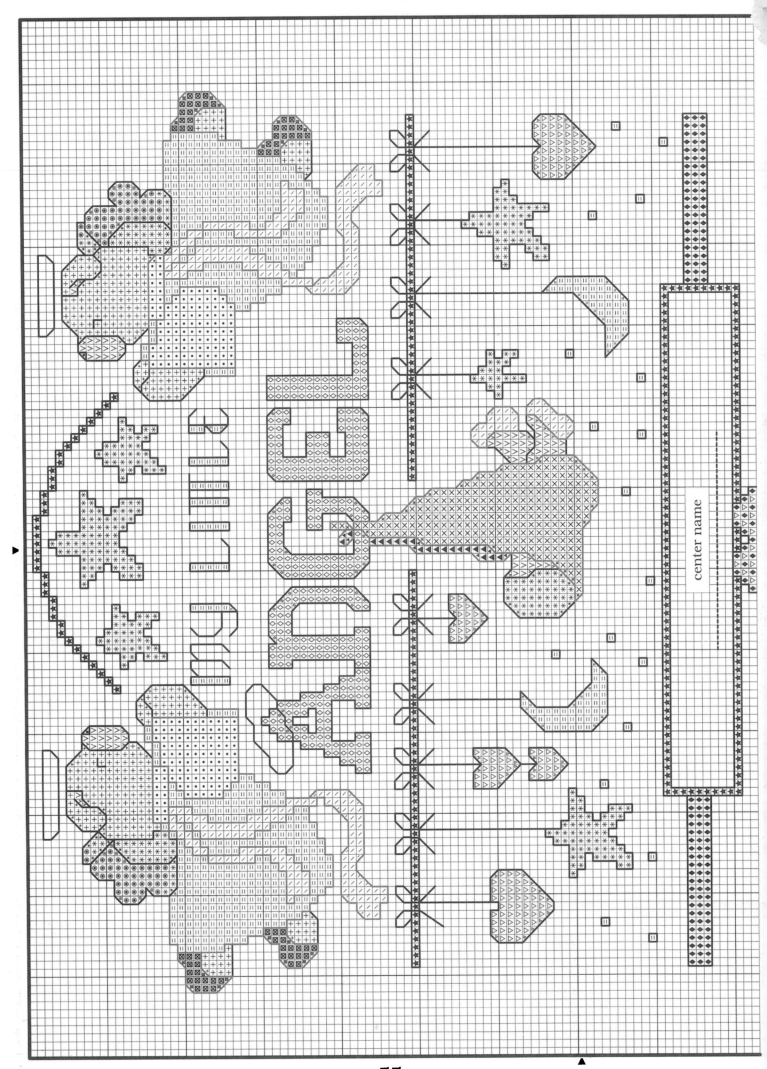

center name